LÉON LEJEALL

STENDHAL

LE ROUGE ET LE NOIR

extraits

I

avec une Notice biographique, une Notice historique et littéraire,
un Lexique, des Notes explicatives, une Documentation thématique,
des Jugements, un Questionnaire et des Sujets de devoirs,

par
PIERRETTE BOURDANTON-NEAUD
Diplômée d'Études supérieures

LIBRAIRIE LAROUSSE
17, rue du Montparnasse, 75298 PARIS

RÉSUMÉ CHRONOLOGIQUE
DE LA VIE DE STENDHAL
1783-1842

1783 — **Naissance, à Grenoble,** le 23 janvier, d'**Henri Beyle,** qui prendra, en littérature, le nom de **Stendhal.**

1790 — Mort d'Henriette Gagnon, mère d'Henri Beyle.

1792 — L'abbé Raillane devient précepteur du jeune Henri Beyle, qui, toute sa vie, gardera un horrible souvenir de ce « noir coquin ».

1796 — Henri Beyle entre à l'école centrale (établissement d'enseignement secondaire) de Grenoble.

1798 — Il remporte, à l'école centrale, le premier prix de belles-lettres.

1799 — A la même école centrale, Henri Beyle remporte, cette fois, le premier prix de mathématiques. Il gardera toujours autant d'amour pour les mathématiques (qui parleront à sa raison) que pour les beaux-arts (qui parleront à son cœur). — A la fin de l'année, il quitte Grenoble pour Paris, où il s'installe chez Noël Daru, cousin germain de son grand-père. Mais **il ne tente pas d'entrer à l'École polytechnique,** bien que ce soit le prétexte de ce voyage à Paris : il rêve maintenant d'écrire pour le théâtre.

1800 — Au début de mai, Henri Beyle, protégé par Daru, rejoint un régiment de dragons et, à l'âge de 17 ans, passe le Grand-Saint-Bernard avec l'armée d'Italie. **Baptême du feu** au défilé de Bard. A Milan, il découvre l'Italie et le bonheur. Il se souviendra de l'accueil fait à l'armée française par les Lombards, lorsqu'il écrira le premier chapitre de *la Chartreuse de Parme* (qui se situe, lui, en 1796). En septembre, le jeune volontaire est promu sous-lieutenant de dragons.

1801 — Il est nommé aide de camp du général Michaud (1er février) et reste toute l'année en Italie; il commence à tenir son *Journal* (18 avril).

1802-1805 — Revenu en France pour raisons de santé, il est en congé, puis donne sa démission d'officier (juillet 1802). Son existence se partage entre Grenoble, Paris, Marseille.

1806 — Il accompagne en Allemagne Martial Daru (fils de Noël), qui occupe un haut poste au ministère de la Guerre, et, le 27 octobre, il entre à Berlin en même temps que l'Empereur. — Il est nommé adjoint provisoire aux commissaires des guerres et prend possession de ses nouvelles fonctions à Brunswick.

1807 — Il devient adjoint titulaire aux commissaires des guerres.

1809 — Avec la Grande Armée, il séjourne en Allemagne, en Autriche et en Hongrie.

1810 — De retour à Paris, il mène une vie brillante et dissipée. Il est nommé **auditeur au Conseil d'État** (1er août). Longtemps, il espérera une place de préfet, qui allait sans doute lui être donnée en 1814, lorsque Napoléon abdiqua.

1812 — Il rejoint le quartier général de l'Empereur en Russie, et il séjourne à Moscou du 14 septembre au 16 octobre.

1813 — Il est intendant de la province de Sagan, en Silésie (6 juin), mais son état de santé l'oblige à rentrer en France.

1814 — **Retour à Milan** (août), où il vivra sept années, entrecoupées de plusieurs voyages en Italie et en France.

© Librairie Larousse, 1972.   ISBN 2-03-870171-7

1815 — *Lettres sur le célèbre compositeur Haydn, suivies d'une vie de Mozart*, ouvrage publié sous le nom de Louis-Alexandre-César Bombet.

1816 — Plusieurs entretiens à Milan avec lord Byron.

1817 — Il fait **un voyage à Rome** et publie deux ouvrages ayant trait à l'Italie : *Histoire de la peinture en Italie* (août) et *Rome, Naples et Florence* (septembre); ce dernier ouvrage est signé **pour la première fois** du pseudonyme de **Stendhal**.

1819 — Mort, à Grenoble, de Chérubin Beyle, père de l'écrivain. Les deux hommes ne se sont jamais entendus.

1821 — Devenu suspect de libéralisme au gouvernement autrichien, Stendhal décide de quitter Milan et regagne Paris. — Séjour d'un mois à Londres : par la suite, Stendhal écrira de nombreux articles pour l'*Edinburgh Review*.

1822 — **Publication de l'essai *De l'amour*.** Le livre n'aura aucun succès du vivant de l'auteur. On en vendra dix-sept exemplaires. Aujourd'hui, il est traduit dans la plupart des langues.

1823 — Publication de *Racine et Shakespeare*, brochure de critique théâtrale, dans laquelle, à l'aube du romantisme, Stendhal défend Shakespeare contre l'académisme classique. — Voyage à Florence et à Rome. — *Vie de Rossini* (novembre).

1825 — Publication de la seconde brochure intitulée *Racine et Shakespeare*, où la satire politique se mêle aux considérations littéraires. — Mort de Métilde Dembowski, la grande amie de Stendhal (1er mai).

1827 — Publication d'*Armance* (août). — Nouveau voyage en Italie à partir du mois d'août.

1828 — Arrivée à Milan dans la nuit du 31 décembre 1827 au 1er janvier 1828. Stendhal est refoulé des Etats autrichiens par la police; retour à Paris.

1829 — *Promenades dans Rome* (septembre). — *Vanina Vanini* (décembre), qui prendra place dans les *Chroniques italiennes*.

1830 — Publication du roman *le Rouge et le Noir* en librairie (novembre).

1831 — Nommé, par Louis-Philippe, consul de France à Civitavecchia.

1832 — Voyages à Naples, Sienne, Florence. — Stendhal **écrit les *Souvenirs d'égotisme* et *Une position sociale*** (roman inachevé), publiés après sa mort.

1833 — Après un congé passé à Paris, Stendhal retourne à Civitavecchia. A Lyon, il rencontre George Sand et Alfred de Musset en route pour l'aventure de Venise. Il descend avec eux le Rhône jusqu'à Marseille.

1835 — Il **interrompt** la rédaction de *Lucien Leuwen* (publié après sa mort), pour **commencer la rédaction** de ses souvenirs de jeunesse : *Vie de Henry Brulard*.

1836-1838 — Congé passé à Paris et en France. — Publication de *Vittoria Accoramboni* et des *Cenci* (1837), qui prendront place dans les *Chroniques italiennes*, et des *Mémoires d'un touriste* (1838). — En deux mois, Stendhal **rédige *la Chartreuse de Parme***, qui paraîtra au printemps de l'année suivante.

1840-1841 — Dernier séjour en Italie; il rédige *Lamiel*. La santé de Stendhal est sérieusement ébranlée par une attaque d'apoplexie, le 15 mars 1841.

1842 — Nouvelle **attaque d'apoplexie**, le 22 mars, dans une **rue de Paris**. Transporté chez lui, **Stendhal meurt** le lendemain, à 2 heures du matin.

Stendhal avait quinze ans de moins que Chateaubriand, quatorze ans de moins que Napoléon; il avait sept ans de plus que Lamartine, seize ans de plus que Balzac, dix-neuf ans de plus que Victor Hugo, vingt ans de plus que Mérimée, vingt et un ans de plus que George Sand et Sainte-Beuve, vingt-sept ans de plus que Musset.

STENDHAL ET SON TEMPS

	la vie et l'œuvre de Stendhal	le mouvement intellectuel et artistique	les événements historiques
1783	Naissance d'Henri Beyle à Grenoble (23 janvier).	Publication des Confessions de Jean-Jacques Rousseau (1782-1789). Kant : les Prolégomènes.	Fin de la guerre d'Indépendance de l'Amérique. Les Russes occupent la Crimée. Ascension en ballon de Montgolfier et de Pilâtre de Rozier.
1800	Passage du Grand-Saint-Bernard avec un régiment de dragons. Découverte et enchantement de l'Italie. Nomination de sous-lieutenant.	Germaine de Staël : De la littérature. Bichat : Recherches physiologiques sur la vie et sur la mort. Volta invente la pile électrique.	Constitution de l'an VIII : Consulat. Bataille de Marengo (14 juin). Élection de Pie VII.
1802	Beyle envoie sa démission d'officier.	Chateaubriand : Génie du christianisme. Cabanis : Rapport du physique et du moral de l'homme.	Vote de la Constitution de l'an X. Bonaparte, consul à vie.
1806	Suit les armées impériales en qualité d'adjoint aux commissaires des guerres.	Hegel : Phénoménologie de l'esprit. Lamarck : Recherches sur l'organisation des corps vivants.	Victoires d'Iéna et d'Auerstadt, prise de Varsovie.
1809	Avec la Grande Armée, en Allemagne, en Autriche et en Hongrie.	Goethe : les Affinités électives. Pru-d'hon : La justice poursuivant le crime.	Victoire de Wagram. Prise de Vienne.
1810	Auditeur au Conseil d'État.	Publication et interdiction du livre De l'Allemagne, de Mme de Staël.	Apogée de la puissance impériale : mariage de Napoléon et de Marie-Louise.
1812	A Moscou, avec la Grande Armée.	Byron : le Pèlerinage de Childe Harold. Cuvier : Recherches sur les ossements fossiles.	Campagne de Russie et incendie de Moscou. Pie VII à Fontainebleau.
1813	Intendant à Sagan (Silésie).	Byron : la Fiancée d'Abydos.	Second complot du général Malet. Bataille de Leipzig.
1814	Retour à Milan.	Chateaubriand : De Buonaparte et des Bourbons. Invention de la locomotive par Stephenson. Étude d'Ampère sur les atomes et les molécules.	Campagne de France. Abdication de Fontainebleau. — Première Restauration.
1817	Histoire de la peinture en Italie et Rome, Naples, Florence. Il prend le pseudonyme de « Stendhal ».	La Mennais : Essai sur l'indifférence en matière de religion.	Monroe, président des États-Unis.

1822	De l'amour.	Champollion déchiffre les hiéroglyphes. Vigny publie ses premiers poèmes. Ch. Nodier : Trilby. Schubert : Symphonie inachevée. Delacroix : la Barque de Dante.	Proclamation de l'indépendance grecque. Congrès de Vérone. Indépendance du Brésil.
1823	Racine et Shakespeare (première brochure).	Lamartine : Nouvelles Méditations. Niepce découvre le principe de la photographie.	Guerre d'Espagne (prise du Trocadéro). Déclaration de Monroe.
1825	Racine et Shakespeare (seconde brochure).	Mérimée : Théâtre de Clara Gazul. A. Thierry : Histoire de la conquête de l'Angleterre. Berlioz : Messe solennelle.	Sacre de Charles X. Lois du milliard des émigrés et loi dite « du sacrilège ».
1827	Armance.	V. Hugo : Cromwell et sa Préface. Ingres : Apothéose d'Homère. Mort de Beethoven. Querelle de Cuvier et de Geoffroy Saint-Hilaire.	Progrès de l'opposition libérale hostile à Villèle. Intervention des Alliés dans la guerre d'indépendance de la Grèce; bataille de Navarin.
1830	Le Rouge et le Noir.	Bataille d'Hernani. Lamartine : les Harmonies poétiques et religieuses. Début des Cours de philosophie positive d'Auguste Comte.	Prise d'Alger. Révolution de Juillet : Louis-Philippe devient roi des Français. Mouvements révolutionnaires en Europe.
1831	Consul de France à Civitavecchia.	V. Hugo : Notre-Dame de Paris. Balzac : la Peau de chagrin. H. Heine : Poésies.	Ministère Casimir Perier. Troubles à Lyon. Soulèvements en Italie. Répression de la révolution polonaise.
1832	Il écrit les Souvenirs d'égotisme.	Musset : Un spectacle dans un fauteuil. G. Sand : Indiana. Mort de Goethe. Corot : le Bain de Diane.	Manifestation et émeute aux funérailles du général Lamarque.
1835	Rédaction de la Vie de Henry Brulard.	V. Hugo : les Chants du crépuscule. A. de Vigny : Chatterton. A. de Musset : Nuits de mai, de décembre.	Attentat de Fieschi contre Louis-Philippe. Loi sur la presse.
1839	La Chartreuse de Parme.	Lamartine : les Recueillements. Louis Blanc : De l'organisation du travail.	Le ministère Soult succède au ministère Molé. Arrestation de Barbès et de Blanqui. Agitation chartiste en Angleterre.
1842	Mort de Stendhal, le 23 mars, à Paris.	Sortie de presse des premiers tomes de la Comédie humaine. E. Sue : les Mystères de Paris. V. Hugo : le Rhin. Aloysius Bertrand : Gaspard de la Nuit.	Protectorat français à Tahiti. Affaire Pritchard.

BIBLIOGRAPHIE SOMMAIRE

ÉTUDES CRITIQUES SUR STENDHAL ET SUR SON ŒUVRE

Henri Martineau	*Petit Dictionnaire stendhalien* (Paris, le Divan, 1948). — *Le Calendrier de Stendhal* (le Divan, 1950). — *L'Œuvre de Stendhal* (Paris, Albin Michel, 1951).
Maurice Bardèche	*Stendhal romancier* (Paris, Plon, 1946).
Georges Blin	*Stendhal et les problèmes du roman* (Paris, Corti, 1953; nouv. éd., 1978). — *Stendhal et les problèmes de la personnalité* (Corti, 1958).
Victor del Litto	*Vie de Stendhal* (Paris, Albin Michel, 1965).
Soshana Felman	*la « Folie » dans l'œuvre romanesque de Stendhal* (Paris, Éd. universitaires, 1970).
Michel Crouzet	*Stendhal et le langage* (Paris, Gallimard, 1981). — *La Poétique de Stendhal* (Paris, Flammarion, 1983).
Pierre Barbéris	*Sur Stendhal* (Paris, Messidor, Éd. sociales, 1983).

SUR « LE ROUGE ET LE NOIR »

Albert Thibaudet	« Stendhal, le centenaire du *Rouge et le Noir* » dans *Revue de Paris* (novembre-décembre 1930).
Pierre Jourda	*le Modèle de Mathilde de La Mole* (Paris, le Divan, juillet-août 1929). — *Un jugement oublié sur « le Rouge »* (le Divan, novembre 1936).
Claude Liprandi	*Au cœur du « Rouge ». L'affaire Lafargue et « le Rouge et le Noir »* (Lausanne, Éd. du Grand Chêne, 1961).
Pierre Georges Castex	*le Rouge et le Noir* (S. E. D. E. S., 1967).
Geneviève Mouilland	*le Rouge et le Noir de Stendhal. Le roman du possible* (Paris, Larousse, 1972).

LE ROUGE ET LE NOIR
Chronique de 1830

NOTICE

CE QUI SE PASSAIT EN 1830 : l'« ère des Révolutions ».

■ *EN POLITIQUE INTÉRIEURE.* Fin brutale du régime de Charles X. Époque dominée par la révolution de Juillet (Stendhal présent à Paris pendant les journées d'émeute, de sa chambre rue de Richelieu, note les bruits de la fusillade). Du 25 au 29 juillet, c'est la fin de la dynastie des Bourbons, emportée par la révolution, lorsque le roi eut, par ses ordonnances du 25 juillet, supprimé la liberté de la presse, dissous la Chambre et modifié la loi électorale. Le duc d'Orléans est proclamé roi des Français le 9 août.

■ *EN POLITIQUE EXTÉRIEURE.* Cette même année (1830), le 31 janvier, Polignac décide l'intervention à Alger contre le dey. Les 4 et 5 juillet, Alger, bombardée, est prise.

En Belgique : 29 août, insurrection contre la domination des Hollandais.

En Pologne : soulèvement insurrectionnel en novembre.

■ *UNE RÉVOLUTION DANS LA TECHNIQUE.* Le premier train de voyageurs circule en Angleterre entre Liverpool et Manchester.

■ *EN LITTÉRATURE.* « Révolution romantique » au théâtre. — Hernani de V. Hugo, qui provoqua la fameuse « bataille d'Hernani ». — Lamartine : Harmonies poétiques et religieuses. — Musset : Contes d'Espagne et d'Italie. — Balzac : année d'intense activité littéraire (Gobsek, la Maison du Chat-qui-pelote, le Bal de Sceaux). — La Mennais, qui va devenir au début de la monarchie de Juillet le promoteur du catholicisme libéral, fonde son journal l'Avenir.

■ *EN PEINTURE.* Triomphe du romantisme avec Delacroix (la Barricade). — Daumier commence sa carrière de caricaturiste politique.

■ *EN MUSIQUE.* C'est la période de trois révolutionnaires internationaux : le Français Berlioz, le Polonais Chopin, le Hongrois Liszt. Si le premier et le dernier ont créé la forme du poème symphonique sans laquelle Wagner n'aurait pu écrire Parsifal, Liszt et Chopin consacrent l'avènement du piano. — 1830 : la Symphonie fantastique de Berlioz

(17 mars); premier concert public de Chopin au Grand Théâtre de Varsovie; Symphonie révolutionnaire de Liszt, dont les annotations reflètent son état d'âme durant les « Trois Glorieuses ». — A l'Opéra-Comique et à l'Opéra, chers à Stendhal, s'installe le règne de l'italianisme avec Herold, Adam et Auber, qui, sous l'influence de Rossini, compose, en 1828, la Muette de Portici et, en 1830, Fra Diavolo. — A l'Opéra, Meyerbeer adapte également son style à l'italianisme triomphant. Rossini, en effet, qui, après avoir remporté à Naples ses premiers succès, s'est établi à Paris dès 1824, y dirige le Théâtre-Italien, puis devient intendant général de la musique royale; en 1829, Guillaume Tell, son opéra écrit en français, marque cependant la fin de sa carrière dramatique. — Le Sicilien Bellini, qui a également travaillé la musique à Naples, est en 1830 à l'apogée de son succès : il écrit en décembre 1831 créée à Milan et interprétée par la Malibran. — 1830 vit également les premiers essais musicaux de Wagner.

GENÈSE ET PUBLICATION DU « ROUGE »

« J'étais devenu parfaitement heureux c'est trop dire, mais encore fort passablement heureux en 1830 quand j'écrivais le Rouge et le Noir. » Ces lignes, extraites de la Vie de Henry Brulard, attestent que l'auteur entreprend son ouvrage dans un état d'euphorie parfaite qui n'a que des causes personnelles et laisse Stendhal étranger aux remous politiques de son époque, tout absorbé dans son enthousiasme de créateur. Il n'existe pas d'ébauche du roman. L'on sait que la première idée de cette œuvre remonte à 1828, ainsi qu'en témoigne une note en marge des Promenades dans Rome. Mais, même si l'on admet qu'il ne s'était pas préparé depuis de longues années à écrire ce chef-d'œuvre, on peut constater que tout avait pourtant formé Stendhal en vue de cette réalisation : de longues besognes de librairie l'ont, en effet, contraint à la promptitude, et trente ans de labeur acharné, comme nous le dit Jean Prévost, l'ont rendu digne d'improviser. Il est maître de sa prose rapide et naturelle. En outre, la publication de son essai De l'amour, en 1822, nous montre qu'il s'est familiarisé avec l'étude du mécanisme des passions.

Dans sa vie personnelle, à cette date, une source d'émotion et de passion peut aussi favoriser sa création littéraire; il s'agit de ses amours heureuses avec Giulia Rivieri. Enfin, source directe et incontestée de cette inspiration : le goût du romanesque et la curiosité de psychologue de Stendhal le poussent à lire, suivant ses habitudes, la Gazette des tribunaux, sans doute au début de 1828.

LES SOURCES

Deux faits divers de l'époque vont opérer pour lui la « cristallisation » nécessaire et lui fournir les événements principaux de la vie et de la mort de Julien Sorel.

— Il y a d'abord l'**affaire Lafargue**, connue de Stendhal, qui y fait allusion — assez longuement — dans ses *Promenades dans Rome* (1829). Dans cet ébéniste des Hautes-Pyrénées, qui, après l'assassinat de sa maîtresse, se trouve condamné à cinq ans de prison, Stendhal retrouve les qualités de « virtù » à l'italienne, qu'il chérit et qu'il croit très rarement possibles en France, sous la Restauration. Il note : « Probablement tous les grands hommes sortiront désormais de la classe à laquelle appartient M. Lafargue. Napoléon réunit autrefois les mêmes circonstances : bonne éducation, imagination ardente et pauvreté extrême. »

— Cette « énergie » passionnée qui conduit le héros jusqu'au crime si l'on s'oppose à « son » dessein, Stendhal croit encore la retrouver dans la relation de l'**affaire Berthet**, prise dans la *Gazette des tribunaux* du 28 décembre 1827.

L'actualité a donc fourni point par point les événements que Stendhal reprend sans les modifier dans *le Rouge*. Mais soulignons, d'ores et déjà, avant d'aborder les problèmes précis de composition et de création romanesques, que ces données trouvent en Stendhal un esprit, une sensibilité, une imagination romanesque propres à recréer et à transformer les personnages de faits divers en héros complexes et vivants. Comme nous le fait remarquer Jean Prévost, A. Berthet n'est que le prétexte, mais non « la source de vigueur » de Julien Sorel.

Signalons, en effet, cette autre source d'énergie dont la présence quotidienne forme la pensée et la plume de Stendhal, comme celle de Julien Sorel : la lecture du *Mémorial de Sainte-Hélène* anime le romancier et le roman d'un même élan, qui devient grande allure, même si le rythme des événements reste soumis au canevas proposé par le fait divers. Mais c'est aux Mémoires de l'Empereur que Stendhal doit : « ce galop de cheval noir qui puise dans le *Mémorial* de quoi être supérieur au *Mémorial* » (Jean Prévost, *op. cit.*, p. 244).

Dans ce climat créé par la conjoncture heureuse d'un tempérament d'écrivain et de plusieurs « rencontres » ou circonstances favorables, l'œuvre du romancier va jaillir elle-même à un rythme assez enlevé.

Dans la nuit du 25 au 26 octobre 1829 naît la première « idée de *Julien* — depuis appelé *le Rouge* et *le Noir* » — à Marseille (note de la main de Stendhal sur son exemplaire de *Promenades dans Rome*). Remis au travail sur son projet à la suite d'une impulsion nouvelle, il va faire de Julien « un élève de Plutarque et de Napoléon ».

A partir d'avril 1830, il a pris contact avec un éditeur, Levavasseur, libraire au Palais-Royal. Son manuscrit, qu'il a confié au mois de mai, reste encore soumis à ses corrections jusqu'à son départ pour le consulat de Trieste (6 novembre 1830). Il part avec la recommandation suivante pour Levavasseur : « En vérité, Monsieur, je n'ai plus la tête à corriger des épreuves. [...] Puisse ce roman être vendu et vous dédommager des retards de l'auteur. » L'ouvrage paraît donc en novembre 1830 et son titre excite la curiosité.

ÉCLAIRCISSEMENTS SUR LE TITRE
« LE ROUGE ET LE NOIR »

Plusieurs sens possibles ont été suggérés. Il faut tenir compte à la fois du goût manifeste de l'auteur pour intriguer le lecteur et, d'autre part, d'une mode de l'époque pour les titres de roman où s'opposent deux noms de couleur. Cependant, certains commentateurs ont voulu y voir différents symboles : le Rouge et le Noir désigneraient le prêtre et le bourreau, ou même plus précisément la tache de sang qui doit finalement éclabousser la soutane noire.

Mais le sens demeure très clair et très précis, d'autant plus que Stendhal lui-même aurait donné du titre de son nouveau roman une explication fort recevable : « *Le Rouge* signifierait que, venu plus tôt, Julien Sorel, eût été soldat, mais que, dans l'époque où il vécut, il dut se faire prêtre, de là *le Noir*. »

C'est en ces termes définitifs et très plausibles qu'Henri Martineau a fait le point sur ce sujet de litiges, bien que les commentateurs fournissent encore des interprétations diverses sur le titre du roman.

« CHRONIQUE DE 1830 »

Mais, ne l'omettons pas, le roman porte un second titre, de la main même de son auteur. Si *le Rouge et le Noir* faisait du livre l'épopée plébéienne de Julien Sorel, le roman, de l'aveu même de Stendhal, se veut une « chronique » de l'époque de la Restauration.

Cet aspect de l'œuvre, longtemps négligé au profit de l'histoire personnelle du héros, doit être souligné, car la critique contemporaine s'applique précisément à retrouver dans le roman ce que M. P. G. Castex nomme ses « pilotis » historiques.

Aussi trouverons-nous une autre dimension à cette œuvre romanesque, la dimension du réel. Réalité politique, tel le jeu des pouvoirs et des partis sous la Restauration ; réalité religieuse, avec le rôle joué par les « Congrégations » et ses intrigues secrètes dont nous sommes parfois les témoins par l'entremise de Julien Sorel et même réalité « sociale » : ne voit-on pas l'avènement d'une classe nouvelle, illustrée par ce fils de charpentier du Jura dont Stendhal fait l'apologie tout en rédigeant le discours de Julien aux juges de Besançon. Sans doute, en 1830, le terme de *prolétaire* était-il d'avant-garde, et Julien devait-il être condamné selon ses propres termes non par ses « pairs » mais par des « bourgeois indignés » (*le Rouge*, chap. XII).

La tendance actuelle d'une certaine critique recherche dans cet ouvrage l'aspect réaliste et dénonce l'image habituellement reçue d'un romancier dilettante, hors des problèmes de son temps, en un mot l'image traditionnelle de Stendhal. Stendhal, d'ailleurs, n'avait-il pas prédit que, même si ses contemporains ne pouvaient l'apprécier, les générations futures rendraient justice à son œuvre.

Mais ce chroniqueur est-il objectif et faut-il accorder au romancier les privilèges de l'historien? N'oublions pas que lorsque Stendhal décrit la société de son temps il ne peut que nous la dépeindre sous le jour le plus odieux, tout animé de sa haine de la société contemporaine et de sa hantise des jésuites et de la Congrégation. Et, sur le modèle des fantoches qu'il a rencontrés dans la haute société parisienne, qui cache le vide et la médiocrité sous des élégances futiles, Stendhal pourra, partant du réalisme du *Rouge*, construire l'imaginaire cour de Parme comme un jeu d'automates, dès son roman suivant.

D'autre part, soulignons ici le sens particulier et stendhalien du mot *chronique*. Dès l'*Histoire de la peinture en Italie*, paru en 1817, Stendhal a découvert le genre même de la chronique, comme nous le fait remarquer M. Dédéyan dans son avant-propos aux *Chroniques italiennes*. Si celui-ci recherche l'anecdote significative des « habitudes morales » d'un peuple et d'une époque, il ne néglige pas le document, la donnée authentique qui vont prouver cette « virtù » à l'italienne, cette énergie allant jusqu'au crime qui caractérise l'énergie romaine de cette époque si fort prisée par Stendhal.

Or, inscrit dans la chronique de 1830 où se sont si fort affadies toutes ces qualités que recherche en vain Mathilde de La Mole — et Stendhal — parmi la noblesse de 1830, Julien Sorel, parent par son énergie et sa « virtù » de Missirilli et de Cercere, ne va-t-il pas, paradoxalement, paraître « anachronique »?

STENDHAL ET SES PERSONNAGES

Stendhal n'a jamais assuré que son personnage principal lui appartenait par cette sorte de filiation littéraire qui fera s'écrier à Flaubert : « Mme Bovary c'est moi. » Et, cependant, si l'auteur du *Rouge* a si bien pu animer d'un grand souffle de vie romanesque les pâles héros de faits divers de la *Gazette des tribunaux*, c'est qu'il a pétri, en particulier, le caractère de Julien Sorel de souvenirs et de traits personnels. Cette réflexion de l'auteur, à la parution de l'ouvrage, le prouve bien d'ailleurs, car les lecteurs de l'époque ont opéré le rapprochement à travers la transposition Antoine Berthet-Julien Sorel — « vu que Julien est un coquin et que c'est mon portrait on se brouille avec moi », a écrit Beyle (*Vie de Henry Brulard*).

La part de l'autobiographie est indiscutable, et si elle est directe pour Julien, nous la retrouverons jusque dans l'ébauche des caractères secondaires du roman.

Au héros principal, Stendhal va jusqu'à donner certains de ses traits physiques. Car Julien ressemble vaguement à Antoine Berthet tel que nous l'ont dépeint les jurés du procès, mais il ressemble encore plus à Stendhal, et même à Stendhal enfant, qui lui-même était « Chérubin » à la beauté près, comme il le dit dans la *Vie de Henry Brulard* : « J'avais les cheveux noirs très frisés et des yeux dont le feu faisait peur. » Auteur et personnage ont connu de même les rudesses d'une enfance incomprise et douloureuse, car Verrières et la Franche-Comté c'est, sans aucun doute, Grenoble et le Dauphiné vers 1790. Ainsi Stendhal peut-il comprendre, au besoin même insuffler à son héros cette haine de la mesquinerie d'une petite ville de province, cette révolte contre une famille qui l'a sevré de tout plaisir, cette sensibilité qu'il apprend rapidement à refouler sous les dehors de l'hypocrisie. Stendhal et Julien ont connu aussi les mêmes admirations, et ce n'est pas pour rien que le livre de chevet de notre héros est précisément le *Mémorial de Sainte-Hélène!* Un détail même d'une précision particulièrement directe : Julien sous dictée de M. de La Mole écrit *cella* avec deux *l*, comme le fit Stendhal auprès de son cousin Daru!

Aussi ne saurait-on bien distinguer qui, de l'auteur ou du personnage, peut prendre la parole devant les jurés de Besançon pour clamer son mépris d'une société qui ne peut que le condamner sans le comprendre.

Mais Julien Sorel est là précisément pour servir de voix à l'auteur, qui peut modeler à son gré son héros, Julien étant doté de tout ce que la vie et la nature ont refusé à son créateur. Ainsi Stendhal, grâce à Julien Sorel, prend-il une revanche éclatante sur Henri Beyle. Non seulement Julien est paré de la grâce physique qui manquait à Stendhal, mais encore il est comblé par l'amour tendre ou passionné des deux héroïnes qui « encadrent » notre héros. Henri Beyle, l'amoureux disgracié, fait place à Julien amant heureux de Mme de Rênal, puis de Mathilde de La Mole.

Aussi bien a-t-il puisé également dans ses souvenirs personnels et même emprunté à certaines de ses maîtresses des traits de l'une et de l'autre. Il est facile de donner des « clefs » au roman et de retrouver surtout chez Mathilde de La Mole le caractère fougueux de Giulia Rivieri, maîtresse de Stendhal au moment où il écrit *le Rouge*. On voit également des ressemblances frappantes entre celle-ci et Alberte de Rubempré, dont le caractère frondeur et l'intelligence brillante avaient séduit Stendhal en 1829; sans parler de Mary de Neuville, fille du ministre de Charles X et enlevée par un ami de Mérimée, qui nous donne comme Mathilde un exemple de cette « énergie » que l'on croyait disparue des caractères de la société de 1830.

Même chez les personnages de second plan des identifications sont possibles : le père de Julien n'est-il pas Chérubin Beyle transposé littéralement; Bigillion, l'ami de jeunesse de l'auteur, ne se trouve-t-il pas dans Fouqué, à qui il donne la fidélité en amitié et la générosité de cœur? Donc, pétrie de souvenirs personnels, la matière vivante s'est insérée dans le cadre du fait divers pour faire des personnages du *Rouge* des êtres doués d'une vie propre et non de pâles figures romanesques dont l'état civil est issu de la *Gazette des tribunaux*.

LA TECHNIQUE ROMANESQUE

Composition du roman.

Le plan se dégage de lui-même avec une netteté sur laquelle il n'est nul besoin de s'appesantir et que Stendhal ne retrouvera pas, même dans *la Chartreuse de Parme*. Le personnage de Julien domine les différents épisodes où il paraît chaque fois en diptyque avec les deux héroïnes dont il fait successivement la conquête dans le cadre qui leur appartient : Verrières et Mme de Rênal, l'hôtel de La Mole et Mathilde.

Auprès de la première, notre héros vivra « ses apprentissages », comme Wilhelm Meister de Goethe, et fera son « éducation sentimentale ». En fait, lorsque Julien dans sa prison fait le bilan de sa vie, Mme de Rênal, comme Mme Arnoux de *l'Éducation sentimentale* de Flaubert, apparaît comme la seule femme aimée.

Avec la seconde, Julien lutte avant de conquérir, et le duel Mathilde-Julien devient rarement un duo d'amour, ou alors il emprunterait les résonances guerrières du combat d'Achille et de Penthésilée.

Le chapitre intermédiaire consacré au séjour de Julien au séminaire sert de palier à l'action avant que celle-ci rebondisse, notre héros ayant fourbi ses armes dans cette école d'hypocrisie. Le second volet du diptyque est donc bien l'hôtel de La Mole, où le jeune séminariste ne sera pas totalement inexpérimenté pour assurer par degrés le progrès de son ambition. Il trouve en Mathilde une partenaire digne de lui, et cette longue conquête, commencée de part et d'autre sous le signe de la curiosité et de l'ennui, ne ressemble en rien aux amours de Verrières ou de Vergy.

Les personnages.

Il paraît un peu trop schématique d'opposer les deux héroïnes comme de distinguer l'« amour de tête » de l'« amour de cœur ». En fait, dans cette intrigue parallèle, les rôles semblent avoir changé : c'est Julien qui a séduit Mme de Rênal, c'est Mathilde qui a séduit Julien, comme celle-ci l'écrira à son frère dans son plaidoyer final. Cependant, portée à son sommet, l'ascension de notre plébéien va subir une chute brutale, conformément aux données du fait divers, et l'intérêt du roman n'est pas dans cette retombée brutale qui va conduire notre héros à l'échafaud, mais dans ce dernier palier, presque hors du temps, que Julien va connaître dans sa cellule de prison. Cela va lui permettre de se retrouver lui-même, de dégager l'essentiel de l'accessoire et, à l'approche de la mort, de nous montrer toutes les résonances stendhaliennes du personnage qu'on ne saurait confondre, même si les faits sont semblables, avec un quelconque héros de fait divers.

Le dénouement.

Ce dénouement du *Rouge* n'a pas été sans poser différents problèmes aux critiques et commentateurs de l'ouvrage, problèmes dont l'ouvrage de M. P. G. Castex résume excellemment les données (*le Rouge et le Noir*, Éd. Enseignement supérieur, 1967). Loin d'y voir une faiblesse du créateur qui a voulu rester fidèle jusqu'au bout aux données du fait divers, cette dernière partie de l'ouvrage ne semble pas davantage devoir être expliquée par les données de la psychanalyse et l'état d'« hypnose » dans lequel Julien serait venu tirer vengeance de Mme de Rênal. Le texte de Stendhal peut aussi bien fournir pas à pas, comme nous le verrons dans les extraits que nous en donnons, la preuve que Julien, en toute lucidité et conformément à son caractère, vient essayer de tuer sa victime en l'église de Verrières ainsi que l'annonce prémonitoire au chapitre V du livre Ier devait l'y conduire.

Mais plus encore que les pas d'Antoine Berthet, ce sont les hautes figures stendhaliennes que Julien va rejoindre ou plutôt précéder. Lorsque, dans la prison de Besançon, il connaît de nouveau le bonheur avec Mme de Rênal, n'est-il pas déjà l'annonce de Fabrice del Dongo et de la forteresse Farnèse ?

D'autre part, en conduisant Julien à l'échafaud, le romancier savait que non seulement la réalité des faits justifiait la marche de l'action, mais que seul ce dénouement fatal ramenait toutes les sympathies du lecteur vers son personnage, qui sans cela demeurerait le modèle de l'ambitieux comblé. Encore une fois, les données de la réalité venue de la *Gazette des tribunaux* rejoignent pour Stendhal les nécessités romanesques. Il les a transposées sans avoir besoin de les adapter, s'étant à ce point identifié à son personnage que nous ne saurions qu'admirer Julien avec Stendhal à la fin du roman et remarquer que « jamais cette tête n'avait paru aussi poétique qu'au moment où elle allait tomber » (*le Rouge*, liv. II, chap. VL).

Les procédés romanesques.

Stendhal a défini lui-même dans *le Rouge et le Noir* son esthétique romanesque lorsqu'il cite comme épigraphe au chapitre XIII du livre premier la sentence attribuée à Saint-Réal : « Un roman : c'est un miroir qu'on promène le long d'un chemin. » Cette formule, qui ne se limite pas à la définition étroite du roman réaliste, donne plutôt la clef de l'originalité de l'art stendhalien. Il semble que, là encore, les générations à venir aient pu rendre justice à Henri Beyle, puisque le caractère moderne de la technique de l'auteur du *Rouge* l'apparente non seulement au romancier mais au cinéaste. L'on pourrait, en effet, tirer de cette formule trois éléments essentiels : « miroir »-reflet, et aussi mouvement et dynamisme (« qu'on promène ») et angles différents pour les prises de vues (« le long d'un chemin »).

Procédés traditionnels.

Cependant, comme les romanciers de son temps et en particulier son contemporain Balzac, auquel on ne peut s'empêcher de le comparer, Stendhal utilise un certain nombre de procédés traditionnels du roman, et avec des touches très personnelles.

Loin de céder au pur pittoresque ou d'illustrer par des descriptions précises le cadre où évolue son héros, Stendhal les évite plutôt systématiquement. Par un classicisme d'expression qui l'oppose directement au génie descriptif d'un Balzac ou d'un Flaubert, Stendhal procède par allusions discrètes qui n'ont besoin pour s'exprimer que de rares adjectifs unissant la vérité descriptive à la nuance affective : l'église de Verrières est « sombre et solitaire » comme la destinée de notre héros, et si l'hôtel de La Mole a de vastes salons « dorés et tristes », n'est-ce pas pour mieux représenter la prison luxueuse qu'ils constituent pour Mathilde qui y bâille d'ennui au milieu de la meilleure société de son temps ?

Les morceaux descriptifs ne sont pourtant pas totalement bannis du roman, mais la description, jamais utilisée pour elle-même, devient alors paysage intérieur et demeure liée à l'état d'âme du personnage. Ainsi, pour Julien les hauts sommets des Alpes et les vols concentriques d'un épervier au-dessus des rochers s'accordent parfaitement avec l'envol de son ambition et les méandres de sa rêverie. D'ailleurs, le vol de cet aigle des montagnes ne symbolise-t-il pas la destinée de Napoléon pour Stendhal et son héros : « C'était la destinée de Napoléon, serait-ce un jour la sienne ? » (*le Rouge*, liv. I, chap. X) ?

Il en est pour les portraits comme pour les descriptions. Le romancier fait preuve ici et là de la même réserve pour l'adjectif et de pudeur d'expression. On sent très bien qu'il évite ce que cherche au contraire Balzac, et que l'on ne trouvera pour aucun des personnages la longue description physique, véritable fiche d'identité qui indique, par avance, les particularités morales des héros de « la Comédie humaine ».

Bien éloigné de tout système, l'auteur du *Rouge* ne donne de ses personnages qu'un portrait physique assez succinct, même lorsqu'il s'agit du héros principal. Pour Julien, Stendhal a emprunté directement les traits d'Antoine Berthet comme le dépeignait la *Gazette des tribunaux* : mêmes yeux noirs, même pâleur, même aspect délicat.

Mme de Rênal est « une femme grande, bien faite, qui avait été la beauté du pays » (liv. I, chap. III).

Quant à Mathilde, nous savons seulement que c'est « une jeune personne extrêmement blonde », et, si l'auteur évoque ses yeux, c'est pour parler de l'expression du regard tour à tour chargé de feu et d'ennui, car le portrait moral et l'épithète affective intéressent toujours davantage l'auteur pour la description purement physique.

Cependant, les personnages secondaires qui perdent en épaisseur et en densité psychologique gagnent au contraire en précision dans la silhouette ou le visage. Il semble que les êtres falots qui ne sont que des comparses aient un certain pittoresque caricatural.

Citons par exemple M. l'abbé de Frilair (liv. I, chap. XXIX), que Julien examine avec attention : « Le nez, très avancé, formait une seule ligne parfaitement droite, et donnait, par malheur, à un profil, fort distingué d'ailleurs, une ressemblance irrémédiable avec la physionomie d'un renard. »

Au livre II, le chevalier de Beauvaisis ou le Russe Korasoff exciteront pareillement la verve caricaturale de l'auteur.

Quant au dialogue, procédé romanesque dont Balzac a fort usé, Stendhal n'y recourt pas systématiquement comme si, selon la remarque de M. P. G. Castex, *le Rouge*, roman de l'hypocrisie, ne pouvait donner lieu qu'à des paroles rares et prudentes, qu'à des silences lourds de sous-entendus et tout un échafaudage de clins d'œil et d'allusions secrètes.

LES PROCÉDÉS STENDHALIENS

Pourtant, les héros stendhaliens s'expriment longuement, selon une technique chère à l'auteur : celle du monologue intérieur. Le héros monologue alors au style direct, qui coupe brusquement une description au style indirect. Presque tous les personnages du roman s'expriment de cette manière, qui met le lecteur de plain-pied avec le personnage romanesque. Même M. de Rênal, qui, cependant, ne pratique guère les finesses de l'analyse psychologique, a un long monologue intérieur lorsqu'il se trouve en proie à une fureur extrême après la lettre anonyme qui le prévient de l'infidélité de sa femme : « Est-il possible que, dans mon infortune, je n'aie pas un ami à qui demander conseil ? » (liv. I, chap. XXI).

Mais sans doute le monologue intérieur reste-t-il, dans *le Rouge*, l'apanage des deux héros les mieux doués pour l'analyse, pour la réflexion et pour l'énergie : Julien et Mathilde.

Aussi, dans la seconde partie du roman, ces deux adversaires qui ne parviendront pas à s'unir livrent, chacun de leur côté, des batailles verbales où s'affrontent les sentiments les plus violents, mûrissent des plans d'action, méditent tous les revirements possibles de leur conquête, tout cela sous la forme de monologue intérieur. Et lorsque, après une savante stratégie, Mathilde tombe aux genoux de Julien, combien cette réflexion du héros illustre-t-elle avec vigueur la manière stendhalienne pour clore le chapitre : « La voilà donc cette orgueilleuse, à mes pieds ! » se dit Julien (*le Rouge*, liv. II, chap. XXIX, fin).

L'on serait tenté, en pareille circonstance, d'assimiler le héros à l'auteur si un autre procédé typiquement stendhalien ne maintenait, tout au long du roman, les distances entre le personnage et son créateur. Le narrateur intervient, en effet, non seulement dans l'action pour glisser un commentaire, mais encore à propos de tel ou tel personnage qu'il veut juger tout en le dépeignant à nos yeux.

Aussi Julien dans son apprentissage de l'hypocrisie semble jouir de la sympathie amusée de Stendhal : « Il ne faut pas trop mal augurer de Julien; il inventait des paroles d'une hypocrisie cauteleuse et prudente. Ce n'est pas mal à son âge. »

Quant à Mathilde, il semble que Stendhal soit effrayé de sa propre création, et, lorsqu'il nous fait assister à un éclat de ce caractère « sublime », il s'en excuse d'un clin d'œil à son lecteur : « De tels caractères sont heureusement fort rares. » Mais on sent, sous de pareilles remarques, poindre l'ironie de l'auteur. Cette « distanciation » qu'il prend avec ses personnages n'est-elle pas la démarche même d'un esprit libre et moqueur qui peut juger et priser êtres et choses sans se départir d'une certaine froideur d'apparence sous l'évidente moquerie.

Lorsqu'il juge Mathilde ou Julien, Stendhal se juge lui-même, car on sait combien il déplorait précisément que des âmes aussi fortement trempées soient aussi rares à l'époque de la Restauration. Nous ne devons pas oublier la part de l'ironie de l'auteur à l'égard de son personnage, procédé typiquement stendhalien.

LE STYLE ET LA LANGUE DE STENDHAL

Si, conformément à l'affirmation bien connue, « le style est l'homme même », combien cette pensée érigée en maxime se trouvera-t-elle vérifiée chez Stendhal! L'on sait que l'auteur du *Rouge* se plongeait avec délices dans la lecture de la *Gazette des tribunaux*, mais qu'il s'infligeait comme un exercice salutaire la lecture presque quotidienne de quelques pages du Code civil, modèle, selon lui, du style sec et dépouillé qu'il cherche à obtenir par-dessus tout. Que cette allure rapide, que cette sécheresse voulue et cette pudeur d'expression, bannissant toute enflure et toute emphase, soient le résultat d'une discipline de l'auteur nous n'en sommes que trop certains. Stendhal nous a confié ses craintes d'écrivain dans *De l'amour* (liv. I, chap. IX) : « Je fais tous les efforts possibles pour être sec... Je tremble toujours de n'avoir écrit qu'un soupir quand je crois avoir noté une vérité. » De même que son héros Julien Sorel impose constamment à sa sensibilité les contraintes de l'hypocrisie, de même Stendhal doit sans cesse mettre en bride son imagination et son enthousiasme pour échapper à l'« emphase romantique » dont il a horreur en tant qu'écrivain.

Ce lecteur passionné de *la Nouvelle Héloïse* prend garde de chasser tout lyrisme de sa prose et *le Rouge et le Noir*, son roman le plus dépouillé, pratique avec bonheur l'art de la litote et autres procédés bien classiques : « Peut-être faut-il être romantique dans les idées : le siècle le veut ainsi; mais soyons classiques dans les expressions et les tours » (*Racine et Shakespeare*, chap. X).

Ainsi, Julien descendant par son échelle du balcon de sa maîtresse ne fera naître qu'un seul commentaire sous la plume de Stendhal : « La vertu de Julien fut égale à son bonheur » (*le Rouge*, liv. II, chap. XIX).

Cette brièveté d'ailleurs est plus frappante qu'un long discours. Mais qu'on n'accuse pas notre auteur de sécheresse de style ni d'uniformité dans le ton.

On peut, certes, en suivant les recherches précises de Jean Prévost (*op. cit.*, bibliographie) relever quelques traits de la manière de l'écrivain dans ce goût de la formule brève et concise, frappée comme une sentence, et générale comme une maxime. Rappelons l'exemple connu du *Rouge* : « Tout bon raisonnement offense », où l'on distingue le procédé de mise en valeur du verbe. D'ailleurs, entre *vouloir* et *volonté*, Stendhal préfère le verbe au substantif, et, comme nous le fait remarquer Jean Prévost, les phrases sans verbes n'apparaissent que lorsque les pensées réfléchies cèdent le pas à l'impulsion ou au sentiment. « Aux armes! » s'écrie Julien, qui a mûrement pesé ses raisons de conquérir Mathilde, et après sa conquête jaillit le grand cri de victoire : « La voici donc cette orgueilleuse à mes pieds! »

On verra donc, après une lecture minutieuse du *Rouge*, que, même dans sa rigueur, la syntaxe reste souple et variée et toujours soumise à l'état d'âme du héros ou au mouvement de l'action.

Sans doute, le grand sacrifié de la langue stendhalienne est-il l'adjectif, pour lequel l'auteur n'a que des références toutes classiques. Jamais utilisé pour lui-même et rarement mis en vue d'un effet pittoresque ou descriptif, le qualificatif, lorsqu'il est présent, reprend toute sa valeur originelle. Encore, verra-t-on au cours des extraits du roman qu'il faut nuancer cette « haine de l'épithète » et que la phrase stendhalienne, élaguée en général de tout rameau inutile, gagne en vigueur ce qu'elle a perdu en volutes et en proliférations secondaires.

Ainsi, la prose de Stendhal nerveuse et resserrée, discrète et pudique, loin d'aller, comme dirait Montaigne, « à sauts et à gambades », achemine-t-elle au contraire le récit et l'action d'un galop régulier vers le dénouement.

Le Rouge et le Noir reste dans l'œuvre romanesque de notre auteur l'exemple le plus parfait de réussite unique, linéaire et tendue comme la démarche de son héros. Et dans ce roman se confondent heureusement, selon la formule de Jean Prévost, un art de vivre, un art de penser et un art d'écrire.

LE ROUGE ET LE NOIR
Chronique de 1830

LIVRE PREMIER

La vérité, l'âpre vérité.
DANTON.

CHAPITRE PREMIER

UNE PETITE VILLE

> Put thousands together
> Less bad,
> But the cage less gay.
> HOBBES.

    La petite ville de Verrières[1] peut passer pour l'une des plus jolies de la Franche-Comté. Ses maisons blanches avec leurs toits pointus de tuiles rouges s'étendent sur la pente d'une colline, dont des touffes de vigoureux châtaigniers marquent les moindres sinuosités. Le Doubs coule à quelques centaines de pieds au-dessous de ses fortifications, bâties jadis par les Espagnols, et maintenant ruinées.

    Verrières est abritée du côté du nord par une haute montagne, c'est une des branches du Jura. Les cimes brisées du Verra se couvrent de neige dès les premiers froids d'octobre. Un torrent, qui se précipite de la montagne, traverse Verrières avant de se jeter dans le Doubs, et donne le mouvement à un grand nombre de scies à bois, c'est une industrie fort simple et qui procure un certain bien-être à la majeure partie des habitants plus paysans que bourgeois. Ce ne sont pas cependant les scies à bois qui ont enrichi cette petite ville. C'est à la fabrique des toiles peintes, dites de Mulhouse[2], que l'on doit l'aisance

---

    1. Stendhal n'a pas créé le nom de la petite ville, cadre de son roman. Deux villages du Jura portent le nom de Verrières. Mais la description elle-même est pure fantaisie de l'auteur, qui mêle dans le Verrières du *Rouge* des souvenirs différents. D'ailleurs, il écrit lui-même (Lettres au comte Salvagnoli) : « Verrières, dans ce livre, est un lieu imaginaire que l'auteur a choisi comme type des villes de province »;
    2. Stendhal, ayant visité, vers 1804, près de Genève une fabrique d'indiennes, a pu avoir l'idée d'en placer une à Verrières.

générale qui, depuis la chute de Napoléon, a fait rebâtir les façades de presque toutes les maisons de Verrières.

A peine entre-t-on dans la ville que l'on est étourdi par le fracas d'une machine bruyante et terrible en apparence. Vingt marteaux pesants, et retombant avec un bruit qui fait trembler le pavé, sont élevés par une roue que l'eau du torrent fait mouvoir. Chacun de ces marteaux fabrique, chaque jour, je ne sais combien de milliers de clous. Ce sont de jeunes filles fraîches et jolies qui présentent aux coups de ces marteaux énormes les petits morceaux de fer qui sont rapidement transformés en clous. Ce travail, si rude en apparence, est un de ceux qui étonnent le plus le voyageur qui pénètre pour la première fois dans les montagnes qui séparent la France de l'Helvétie. Si, en entrant à Verrières, le voyageur demande à qui appartient cette belle fabrique de clous qui assourdit les gens qui montent la grande rue, on lui répond avec un accent traînard : *Eh! elle est à M. le maire.* **(1)**

Pour peu que le voyageur s'arrête quelques instants dans cette grande rue de Verrières, qui va en montant depuis la rive du Doubs jusque vers le sommet de la colline, il y a cent à parier contre un qu'il verra paraître un grand homme à l'air affairé et important.

A son aspect tous les chapeaux se lèvent rapidement. Ses cheveux sont grisonnants, et il est vêtu de gris. Il est chevalier de plusieurs ordres, il a un grand front, un nez aquilin, et au total sa figure ne manque pas d'une certaine régularité : on trouve même, au premier aspect, qu'elle réunit à la dignité du maire de village cette sorte d'agrément qui peut encore se rencontrer avec quarante-huit ou cinquante ans. Mais bientôt le voyageur parisien est choqué d'un certain air de contentement de soi et de suffisance mêlé à je ne sais quoi de borné et de peu inventif. On sent enfin que le talent de cet

---
QUESTIONS

1. Montrez que Stendhal commence en « touriste » et entraîne son lecteur avec lui sur les lieux supposés du drame pour une promenade qui lui dévoile le décor et les personnages secondaires. Bien que rapide, cette présentation des lieux s'attache « à tisser lentement la réalité » (Jean Prévost). La création chez Stendhal autour des héros : même si cette réalité est « recomposée » par l'auteur, les faits très simples et les réalités historiques et géographiques demeurent-ils plausibles et acceptés de tous? Stendhal reste-t-il froid et impassible dans cette description? A-t-il atteint un certain pittoresque? (Relevez les détails.) Réussit-il cependant à créer une atmosphère?

Stendhal, en uniforme de consul, en 1835.
Musée Stendhal, Grenoble.

Phot. Giraudon.

homme-là se borne à se faire payer bien exactement ce qu'on lui doit, et à payer lui-même le plus tard possible quand il doit.

Tel est le maire de Verrières, M. de Rênal. Après avoir traversé la rue d'un pas grave, il entre à la mairie et disparaît aux yeux du voyageur. Mais, cent pas plus haut, si celui-ci continue sa promenade, il aperçoit une maison d'assez belle apparence, et, à travers une grille de fer attenante à la maison, des jardins magnifiques. Au-delà, c'est une ligne d'horizon formée par les collines de la Bourgogne, et qui semble faite à souhait pour le plaisir des yeux. Cette vue fait oublier au voyageur l'atmosphère empestée des petits intérêts d'argent dont il commence à être asphyxié. (2)

On lui apprend que cette maison appartient à M. de Rênal. C'est aux bénéfices qu'il a faits sur sa grande fabrique de clous que le maire de Verrières doit cette belle habitation en pierre de taille qu'il achève en ce moment. Sa famille, dit-on, est espagnole, antique, et, à ce qu'on prétend, établie dans le pays bien avant la conquête de Louis XIV[3].

Depuis 1815 il rougit d'être industriel[4] : 1815 l'a fait maire de Verrières. Les murs en terrasse qui soutiennent les diverses parties de ce magnifique jardin qui, d'étage en étage, descend jusqu'au Doubs, sont aussi la récompense de la science de M. de Rênal dans le commerce du fer.

Ne vous attendez point à trouver en France ces jardins pittoresques qui entourent les villes manufacturières de l'Allemagne, Leipsick, Francfort, Nuremberg, etc. En Franche-Comté, plus on bâtit de murs, plus on hérisse sa propriété de pierres rangées les unes au-dessus des autres, plus on acquiert de droits aux respects de ses voisins. Les jardins de M. de Rênal, remplis de murs, sont encore admirés parce qu'il a acheté, au poids de l'or, certains petits morceaux de terrain qu'ils

---

3. La Franche-Comté est restée possession espagnole jusqu'à son annexion par Louis XIV en 1678 ; 4. Depuis 1815, retour des Bourbons, il est, en effet, mal porté de ne pas faire partie de la noblesse vivant de — et sur — ses terres (d'où l'installation de la famille de M. de Rênal, l'été, au château de Vergy).

QUESTIONS

2. Par quelle transition habile glisse-t-on de la description du cadre à l'entrée du personnage de M. de Rênal et à l'évocation de ses habitudes ? — Montrez par quelles brèves touches successives Stendhal suggère son antipathie pour ce personnage et comment cette antipathie se reporte ensuite sur le cadre où il vit. Relevez des expressions qui le prouvent. — Peut-on d'après les lignes 40-52 se faire une image très précise et très complète de l'apparence physique de M. de Rênal ?

occupent (3). Par exemple, cette scie à bois, dont la position singulière sur la rive du Doubs vous a frappé en entrant à Verrières, et où vous avez remarqué le nom de Sorel, écrit en caractères gigantesques sur une planche qui domine le toit, elle occupait, il y a six ans, l'espace sur lequel on élève en ce moment le mur de la quatrième terrasse des jardins de M. de Rênal.

Malgré sa fierté, M. le maire a dû faire bien des démarches auprès du vieux Sorel, paysan dur et entêté; il a dû lui compter de beaux louis d'or pour obtenir qu'il transportât son usine ailleurs. Quant au ruisseau *public* qui faisait aller la scie, M. de Rênal, au moyen du crédit dont il jouit à Paris, a obtenu qu'il fût détourné. Cette grâce lui vint après les élections de 182*. (4)

Il a donné à Sorel quatre arpents[5] pour un, à cinq cents pas plus bas sur les bords du Doubs. Et, quoique cette position fût beaucoup plus avantageuse pour son commerce de planches de sapin, le père Sorel, comme on l'appelle depuis qu'il est riche, a eu le secret d'obtenir de l'impatience et de la *manie de propriétaire*, qui animait son voisin, une somme de 6 000 francs.

Il est vrai que cet arrangement a été critiqué par les bonnes têtes de l'endroit. Une fois, c'était un jour de dimanche, il y a quatre ans de cela, M. de Rênal, revenant de l'église en costume de maire, vit de loin le vieux Sorel, entouré de ses trois fils, sourire en le regardant. Ce sourire a porté un jour fatal dans l'âme de M. le maire, il pense depuis lors qu'il eût pu obtenir l'échange à meilleur marché.

Pour arriver à la considération publique à Verrières, l'essentiel est de ne pas adopter, tout en bâtissant beaucoup de murs, quelque plan apporté d'Italie par ces maçons, qui au printemps traversent les gorges du Jura pour gagner Paris. Une telle innovation vaudrait à l'imprudent bâtisseur une éternelle

---

5. *Arpent :* ancienne mesure agraire qui variait entre 35 et 50 ares selon les régions.

───────── **QUESTIONS** ─────────

3. Quels traits de caractère les prétentions nobiliaires de M. de Rênal dénoncent-elles?

4. L'introduction de Sorel — père de notre héros — s'inscrit-elle naturellement dans le récit? Son personnage vous paraît-il seulement esquissé? Ne pourrait-on voir déjà s'amorcer l'opposition de deux classes sociales, lutte sourde représentée par nos deux personnages?

LE ROUGE ET LE NOIR

réputation de *mauvaise tête*, et il serait à jamais perdu auprès des gens sages et modérés qui distribuent la considération en Franche-Comté.

Dans le fait, ces gens sages y exercent le plus ennuyeux *despotisme ;* c'est à cause de ce vilain mot que le séjour des petites villes est insupportable pour qui a vécu dans cette grande république qu'on appelle Paris. La tyrannie de l'opinion, et quelle opinion! est aussi *bête* dans les petites villes de France qu'aux États-Unis d'Amérique. (5) (6)

RÉSUMÉ DU CHAPITRE II ET DU DÉBUT DU CHAPITRE III

Le maire de Verrières, dont le portrait caricatural avait été esquissé dès le premier chapitre, est alors montré dans l'exercice de ses fonctions municipales qui manifeste à la fois la petitesse de son esprit

──────── **QUESTIONS** ────────

5. Montrez comment, à la fin du chapitre, l'atmosphère est créée et comment on n'entend plus que les voix du chœur provincial orchestré par l'auteur. Pouvons-nous constater ici que Stendhal, en évoquant Verrières et son maire, représentants typiques de la petite ville de province vers 1830, a trahi ses sentiments personnels à l'égard de sa province natale et de la société de son temps. (Voir la *Vie de Henry Brulard*, p. 86 : « Tout ce qui est bas et plat dans le genre bourgeois me rappelle Grenoble, tout ce qui me rappelle Grenoble me fait horreur, mon horreur est trop noble, mal au cœur. »)

6. Sur l'ensemble du chapitre premier. — Composition du chapitre : comment s'unissent de manière rapide et serrée la présentation des lieux et des personnages? Comment ces personnages participent-ils à la progression continue du récit? Trouve-t-on un véritable portrait de ces personnages ou tendent-ils vers la caricature ou l'esquisse? Montrez en particulier comment M. de Rênal se dessine, peu à peu, après évocation de ses fonctions et *possessions* successives. — Ce bref chapitre, d'où tout dialogue est absent, emprunte pourtant la technique du théâtre classique : « préparation » de l'entrée du personnage principal faite par les personnages secondaires.

Le ton du chapitre : a-t-on l'impression à la fin du chapitre premier que l'on va s'engager dans un drame? — Comment l'auteur a-t-il manifesté sa présence sous le feint détachement du voyageur parisien? — Utilisation de ses souvenirs personnels à l'égard de la province et dans la création des personnages. (Voir notice d'introduction générale.) — Son ironie sous-jacente.

Stendhal et la « petite ville » : étudiez la manière dont Stendhal tire de Verrières les éléments nécessaires à l'élaboration des événements dont elle va devenir le cadre. Opposez cette technique de la description à la progression lente et précautionneuse d'un Balzac pour Saumur dans *Eugénie Grandet*. Appréciez, par comparaison, la sobriété de Stendhal.

et de son caractère et ses sentiments despotiques et intéressés. Un seul petit fait vrai révèle ces tendances : la mutilation périodique des arbres du cours de la Fidélité, qui « rapportent du revenu à la ville ». Stendhal nous donne également un premier aperçu des rivalités politiques de la petite ville. Maire « ultra », M. de Rênal ne peut être que surveillé par les « libéraux », parti adverse. M. Appert vient visiter le dépôt de mendicité avec le vertueux curé Chélan. Ils encourent les reproches et les menaces de M. de Rênal et ceux de M. Valenod, directeur du dépôt de mendicité. Pour piquer son adversaire politique M. Valenod, M. de Rênal prend la décision d'engager le jeune Sorel comme précepteur de ses enfants.

CHAPITRE III

UN CURÉ

[...] M. de Rênal vivait fort bien avec sa femme; mais ne sachant que répondre à cette idée, qu'elle lui répétait timidement : « Quel mal ce monsieur de Paris[6] peut-il faire aux prisonniers ? » il était sur le point de se fâcher tout à fait quand
5 elle jeta un cri. Le second de ses fils venait de monter sur le parapet du mur de la terrasse, et y courait, quoique ce mur fût élevé de plus de vingt pieds sur la vigne qui est de l'autre côté. La crainte d'effrayer son fils et de le faire tomber empêchait Mme de Rênal de lui adresser la parole. Enfin l'enfant
10 qui riait de sa prouesse, ayant regardé sa mère, vit sa pâleur, sauta sur la promenade et accourut à elle. Il fut bien grondé. **(1)**

Ce petit événement changea le cours de la conversation.

« Je veux absolument prendre chez moi Sorel, le fils du scieur de planches, dit M. de Rênal; il surveillera les enfants
15 qui commencent à devenir trop diables pour nous. C'est un jeune prêtre, ou autant vaut, bon latiniste, et qui fera faire des progrès aux enfants; car il a un caractère ferme, dit le

---

6. *Ce monsieur de Paris :* M. Appert, personnage réel, introduit dans le roman sous son nom véritable. Connu de Balzac et de Stendhal, renommé pour son esprit d'humanité, il avait rédigé un mémoire sur les prisons, et avait été lui-même emprisonné pour ses idées libérales et humanitaires.

——————— **QUESTIONS** ———————

1. Quel premier trait du caractère de M. de Rênal révèle ce passage ? Pourquoi l'auteur a-t-il choisi de nous montrer d'abord son héroïne sous son aspect maternel ?

curé. Je lui donnerai 300 francs et la nourriture. J'avais quelques doutes sur sa moralité ; car il était le Benjamin de ce vieux chirurgien, membre de la Légion d'honneur, qui, sous prétexte qu'il était leur cousin, était venu se mettre en pension chez les Sorel. Cet homme pouvait fort bien n'être au fond qu'un agent secret des libéraux ; il disait que l'air de nos montagnes faisait du bien à son asthme ; mais c'est ce qui n'est pas prouvé. Il avait fait toutes les campagnes de *Buonaparté* en Italie, et même avait, dit-on, signé *non* pour l'empire dans le temps **(2)**. Ce libéral montrait le latin au fils Sorel, et lui a laissé cette quantité de livres qu'il avait apportés avec lui. Aussi n'aurais-je jamais songé à mettre le fils du charpentier auprès de nos enfants ; mais le curé, justement la veille de la scène qui vient de nous brouiller à jamais, m'a dit que ce Sorel étudie la théologie depuis trois ans, avec le projet d'entrer au séminaire ; il n'est donc pas libéral, et il est latiniste. **(3)**

« Cet arrangement convient de plus d'une façon, continua M. de Rênal, en regardant sa femme d'un air diplomate ; le Valenod est tout fier des deux beaux normands qu'il vient d'acheter pour sa calèche. Mais il n'a pas de précepteur pour ses enfants.

— Il pourrait bien nous enlever celui-ci.

— Tu approuves donc mon projet ? dit M. de Rênal, remerciant sa femme, par un sourire, de l'excellente idée qu'elle venait d'avoir. Allons, voilà qui est décidé.

— Ah, bon Dieu ! mon cher ami, comme tu prends vite un parti !

— C'est que j'ai du caractère, moi, et le curé l'a bien vu. Ne dissimulons rien, nous sommes environnés de libéraux ici. Tous ces marchands de toile me portent envie, j'en ai la certitude ; deux ou trois deviennent des richards ; eh bien ! j'aime assez qu'ils voient passer les enfants de M. de Rênal,

---

QUESTIONS

2. Quelle est l'importance de ce *petit événement*, ligne 12 ? Que nous apprend sur Julien Sorel cette présentation sommaire faite par M. de Rênal à sa femme du futur précepteur de leurs enfants ? Que nous révèle-t-elle en outre sur le caractère du maire de Verrières et les intrigues de cette société provinciale ?

3. Quelles sortes de raisons ont emporté la décision finale de M. de Rênal ? Le ton que M. de Rênal donne à son exposé sur Julien laisse-t-il percer un esprit fin et une grande hauteur de vues ? De quelle manière l'auteur traduit-il son ironie à l'égard du narrateur ? Appréciez la formule de M. de Rênal : *Il n'est donc pas libéral, et il est latiniste*, ligne 33.

allant à la promenade sous la conduite de *leur précepteur*. Cela imposera. Mon grand-père nous racontait souvent que, dans sa jeunesse, il avait eu un précepteur. C'est cent écus qu'il m'en pourra coûter, mais ceci doit être classé comme une dépense nécessaire pour soutenir notre rang. » **(4)**

Cette résolution subite laissa Mme de Rênal toute pensive. C'était une femme grande, bien faite, qui avait été la beauté du pays, comme on dit dans ces montagnes. Elle avait un certain air de simplicité, et de la jeunesse dans la démarche; aux yeux d'un Parisien, cette grâce naïve, pleine d'innocence et de vivacité, serait même allée jusqu'à rappeler des idées de douce volupté. Si elle eût appris ce genre de succès, Mme de Rênal en eût été bien honteuse. Ni la coquetterie, ni l'affectation n'avaient jamais approché de ce cœur. M. Valenod, le riche directeur du dépôt, passait pour lui avoir fait la cour, mais sans succès, ce qui avait jeté un éclat singulier sur sa vertu; car ce M. Valenod, grand jeune homme, taillé en force, avec un visage coloré et de gros favoris noirs, était un de ces êtres grossiers, effrontés et bruyants, qu'en province on appelle de beaux hommes. **(5)**

Mme de Rênal, fort timide, et d'un caractère en apparence fort inégal, était surtout choquée du mouvement continuel et des éclats de voix de M. Valenod. L'éloignement qu'elle avait pour ce qu'à Verrières on appelle de la joie, lui avait valu la réputation d'être très fière de sa naissance. Elle n'y songeait pas, mais avait été fort contente de voir les habitants de la ville venir moins chez elle. Nous ne dissimulerons pas qu'elle

──────── **QUESTIONS** ────────

4. Avons-nous également dans ces quelques lignes de discussion entre les époux un aperçu de la vie du ménage? A-t-on l'impression que M. de Rênal apprécie le jugement de sa femme? Qu'est-ce qui lui fait croire qu'il a *du caractère* (ligne 45)? — Quel trait du caractère du maire de Verrières soulignent les lignes 45 à 55? Quels éléments donnent à ce début de chapitre le ton d'une « comédie bourgeoise »?

5. Le portrait de Mme de Rênal vient-il naturellement s'inscrire en cette place? Comment ce portrait est-il composé? Y a-t-il véritablement un portrait physique? Et, pourtant, sentirons-nous à la fin de la présence de ce personnage que son comportement effacé auprès de son époux semblait reléguer au second plan? — Que signifie pour Stendhal *un certain air de simplicité*? Stendhal a-t-il déjà souligné ce que cette créature romanesque avait d'original et d'unique? Quelle est l'importance du point de vue dramatique d'introduire le personnage de M. Valenod et de souligner sa cour repoussée par l'héroïne? N'avons-nous pas, dès le chapitre III, esquissé les différents protagonistes du drame final?

passait pour sotte aux yeux de *leurs* dames, parce que, sans nulle politique à l'égard de son mari, elle laissait échapper les plus belles occasions de se faire acheter de beaux chapeaux de Paris ou de Besançon. Pourvu qu'on la laissât seule errer dans son beau jardin, elle ne se plaignait jamais. **(6)**

C'était une âme naïve, qui jamais ne s'était élevée même jusqu'à juger son mari, et à s'avouer qu'il l'ennuyait. Elle supposait, sans se le dire, qu'entre mari et femme il n'y avait pas de plus douces relations. Elle aimait surtout M. de Rênal quand il lui parlait de ses projets sur leurs enfants, dont il destinait l'un à l'épée, le second à la magistrature, et le troisième à l'Église. En somme, elle trouvait M. de Rênal beaucoup moins ennuyeux que tous les hommes de sa connaissance.

Ce jugement conjugal était raisonnable. Le maire de Verrières devait une réputation d'esprit et surtout de bon ton à une demi-douzaine de plaisanteries dont il avait hérité d'un oncle. Le vieux capitaine de Rênal servait avant la Révolution dans le régiment d'infanterie de M. le duc d'Orléans, et, quand il allait à Paris, était admis dans les salons du prince. Il y avait vu Mme de Montesson[7], la fameuse Mme de Genlis[8], M. Ducrest[9], l'inventeur du Palais-Royal. Ces personnages ne reparaissaient que trop souvent dans les anecdotes de M. de Rênal. Mais peu à peu ce souvenir de choses aussi délicates à raconter était devenu un travail pour lui, et, depuis quelque temps, il ne répétait que dans les grandes occasions ses anecdotes relatives à la maison d'Orléans. Comme il était d'ailleurs fort poli, excepté lorsqu'on parlait d'argent, il passait, avec raison, pour le personnage le plus aristocratique de Verrières. **(7) (8)**

---

7. *Mme de Montesson* fut mariée, secrètement, à Philippe Égalité; 8. *Mme de Genlis*, sa nièce, se vit, grâce à elle, confier l'éducation du futur Louis-Philippe, alors duc d'Orléans; 9. *M. Ducrest*, frère de Mme de Genlis, fut le créateur des galeries qui ornent actuellement le Palais-Royal.

QUESTIONS

6. Par quels traits Stendhal a-t-il souligné que son héroïne était assez solitaire? Quel sentiment vous semble présider aux relations du mari et de la femme? L'auteur ne laisse-t-il pas soupçonner une nuance de mélancolie de la part de son héroïne?

7. Mme de Rênal nous est-elle cependant montrée comme une *insatisfaite?* Nous semble-t-elle comme Emma Bovary destinée à commettre un adultère? Soulignez la composition authentique du portrait des époux Rênal. Comment à mesure que l'une gagne notre sympathie, l'autre se montre-t-il sous un jour assez mesquin et même ridicule?

Question 8, v. p. 29.

CHAPITRE IV

UN PÈRE ET UN FILS

[Sa résolution prise, M. de Rênal descend immédiatement jusqu'à l'« usine » du père de Julien pour conclure avec celui-ci l'engagement de son nouveau précepteur. La proposition du maire laisse le charpentier fort surpris, mais, la ruse paysanne l'emportant, il se garde bien de donner une réponse quelconque immédiatement.]

[...] Une scie à eau se compose d'un hangar au bord d'un ruisseau. Le toit est soutenu par une charpente qui porte sur quatre gros piliers en bois. A huit ou dix pieds d'élévation, au milieu du hangar, on voit une scie qui monte et descend,
5 tandis qu'un mécanisme fort simple pousse contre cette scie une pièce de bois. C'est une roue mise en mouvement par le ruisseau qui fait aller ce double mécanisme; celui de la scie qui monte et descend, et celui qui pousse doucement la pièce de bois vers la scie, qui la débite en planches. (1)
10 En approchant de son usine, le père Sorel appela Julien de sa voix de stentor; personne ne répondit. Il ne vit que ses fils aînés, espèce de géants qui, armés de lourdes haches, équarrissaient les troncs de sapin, qu'ils allaient porter à la scie. Tout occupés à suivre exactement la marque noire tracée sur
15 la pièce de bois, chaque coup de leur hache en séparait des copeaux énormes. Ils n'entendirent pas la voix de leur père.

―――――― **QUESTIONS** ――――――

8. SUR L'ENSEMBLE DU CHAPITRE III. — Étudiez chez Stendhal l'art des préparations : comment du point de vue dramatique et psychologique est ménagée l'entrée en scène du héros principal?

Les portraits : esquisse de la physionomie de l'héroïne principale de la première partie du roman. Relevez la prédominance de l'épithète morale et affective. En quoi consiste la grâce *naïve* de Mme de Rênal? Quelle impression l'auteur a-t-il voulu nous donner de son héroïne?

Part de l'autobiographie : Mme de Rênal et ses modèles dans la vie de Stendhal. M. de Rênal et le père de Stendhal (caractère). Le précepteur des enfants (souvenir personnel), lire la *Vie de Henry Brulard*, chap. VII a.

Sur l'action : a-t-on à la fin du chapitre progressé du point de vue dramatique? Dans quel genre de roman semble-t-on s'engager? Peut-on imaginer les effets dramatiques que l'entrée de Julien Sorel va occasionner dans la famille de M. de Rênal?

1. Pourquoi Stendhal, habituellement avare de détails, brosse-t-il ici une description aussi précise de la scierie du père de Julien? Cette scie à eau mérite-t-elle le nom d'*usine* (ligne 10)?

Celui-ci se dirigea vers le hangar; en y entrant, il chercha vainement Julien à la place qu'il aurait dû occuper, à côté de la scie. Il l'aperçut à cinq ou six pieds plus haut, à cheval sur l'une des pièces de la toiture. Au lieu de surveiller attentivement l'action de tout le mécanisme, Julien lisait. Rien n'était plus antipathique au vieux Sorel; il eût peut-être pardonné à Julien sa taille mince, peu propre aux travaux de force, et si différente de celle de ses aînés; mais cette manie de lecture lui était odieuse, il ne savait pas lire lui-même. **(2)**

Ce fut en vain qu'il appela Julien deux ou trois fois. L'attention que le jeune homme donnait à son livre, bien plus que le bruit de la scie, l'empêcha d'entendre la terrible voix de son père. Enfin, malgré son âge, celui-ci sauta lestement sur l'arbre soumis à l'action de la scie, et de là sur la poutre transversale qui soutenait le toit. Un coup violent fit voler dans le ruisseau le livre que tenait Julien; un second coup aussi violent, donné sur la tête, en forme de calotte, lui fit perdre l'équilibre. Il allait tomber à douze ou quinze pieds plus bas, au milieu des leviers de la machine en action, qui l'eussent brisé, mais son père le retint de la main gauche, comme il tombait :

« Eh bien, paresseux ! tu liras donc toujours tes maudits livres, pendant que tu es de garde à la scie ? Lis-les le soir, quand tu vas perdre ton temps chez le curé, à la bonne heure. »

Julien, quoique étourdi par la force du coup, et tout sanglant, se rapprocha de son poste officiel, à côté de la scie. Il avait les larmes aux yeux, moins à cause de la douleur physique que pour la perte de son livre qu'il adorait. **(3)**

« Descends, animal, que je te parle. » Le bruit de la machine empêcha encore Julien d'entendre cet ordre. Son père qui était descendu, ne voulant pas se donner la peine de remonter sur le mécanisme, alla chercher une longue perche pour

---
QUESTIONS
---

2. Quel contraste Julien produit-il dans ce décor aussi bien que dans ce milieu familial ? Quels traits soulignent son air de distinction et d'apparente faiblesse ? Comment Stendhal dès le premier contact nous fait-il pressentir les traits de caractère dominants de son héros ? Est-ce par hasard que nous apercevons Julien dans cette situation élevée, à cheval sur une poutre, en train de lire le *Mémorial de Sainte-Hélène* ? Pourquoi Julien est-il *antipathique* au vieux Sorel ?

3. A-t-on vraiment l'impression, d'après les descriptions de la page précédente, que le charpentier puisse le reconnaître comme un de ses fils ? Par quels traits divers Stendhal a-t-il montré que Julien est « étranger » à son milieu natal ? Pour quel motif l'auteur a-t-il souligné la brutalité du vieux Sorel ?

abattre des noix, et l'en frappa sur l'épaule. A peine Julien fut-il à terre, que le vieux Sorel, le chassant rudement devant lui, le poussa vers la maison. « Dieu sait ce qu'il va me faire! » se disait le jeune homme. En passant, il regarda tristement le ruisseau où était tombé son livre; c'était celui de tous qu'il affectionnait le plus, le *Mémorial de Sainte-Hélène*[10].

Il avait les joues pourpres et les yeux baissés (4). C'était un petit jeune homme de dix-huit à dix-neuf ans, faible en apparence, avec des traits irréguliers, mais délicats, et un nez aquilin. De grands yeux noirs, qui, dans les moments tranquilles, annonçaient de la réflexion et du feu, étaient animés en cet instant de l'expression de la haine la plus féroce. Des cheveux châtain foncé, plantés fort bas, lui donnaient un petit front, et, dans les moments de colère, un air méchant. Parmi les innombrables variétés de la physionomie humaine, il n'en est peut-être point qui se soit distinguée par une spécialité plus saisissante. Une taille svelte et bien prise annonçait plus de légèreté que de vigueur. Dès sa première jeunesse, son air extrêmement pensif et sa grande pâleur avaient donné l'idée à son père qu'il ne vivrait pas, ou qu'il vivrait pour être une charge à sa famille. Objet des mépris de tous à la maison, il haïssait ses frères et son père; dans les jeux du dimanche, sur la place publique, il était toujours battu. (5)

Il n'y avait pas un an que sa jolie figure commençait à lui donner quelques voix amies parmi les jeunes filles. Méprisé de tout le monde, comme un être faible, Julien avait adoré ce vieux chirurgien-major qui un jour osa parler au maire au sujet des platanes.

---

10. Le *Mémorial de Sainte-Hélène* contient les réflexions de l'Empereur sur sa propre destinée. Rédigé par Las Cases et publié en 1823, il présente une image idéalisée du vaincu de Waterloo et a largement contribué à répandre la légende napoléonienne. Stendhal prête à Julien sa propre admiration pour le *Mémorial* et l'Empereur déchu.

— QUESTIONS —

4. Au cours de ce récit Stendhal a-t-il cédé au réalisme? Pourquoi? Quels sentiments éveille ce passage chez le lecteur? Quelle est la première indication que l'auteur donne de son héros (ligne 54)? Ce maintien ne préfigure-t-il pas l'attitude de l'hypocrite qu'il choisira d'être? Qu'est-ce qui, dans la conduite de son père à son égard, a pu motiver ce trait de caractère?

5. Relevez les divers éléments de ce portrait de Julien. Est-il physique ou moral? Qu'est-ce que pour Stendhal une *physionomie?* Comment l'auteur a-t-il souligné, dès cette première description, les traits dominants du caractère de son personnage? L'auteur s'inspire-t-il dans ce portrait du physique de Berthet? (Voir Documentation thématique, t. II.)

Ce chirurgien payait quelquefois au père Sorel la journée de son fils, et lui enseignait le latin et l'histoire, c'est-à-dire, ce qu'il savait d'histoire, la campagne de 1796 en Italie. En mourant, il lui avait légué sa croix de la Légion d'honneur, les arrérages de sa demi-solde et trente ou quarante volumes, dont le plus précieux venait de faire le saut dans le *ruisseau public*, détourné par le crédit de M. le maire.

A peine entré dans la maison, Julien se sentit l'épaule arrêtée par la puissante main de son père; il tremblait, s'attendant à quelques coups.

« Réponds-moi sans mentir », lui cria aux oreilles la voix dure du vieux paysan, tandis que sa main le retournait comme la main d'un enfant retourne un soldat de plomb. Les grands yeux noirs et remplis de larmes de Julien se trouvèrent en face des petits yeux gris et méchants du vieux charpentier, qui avait l'air de vouloir lire jusqu'au fond de son âme. (6) (7)

CHAPITRE V

UNE NÉGOCIATION

> Cunctando restituit rem.
> ENNIUS.

« Réponds-moi sans mentir, si tu le peux, chien de *lisard;* d'où connais-tu Mme de Rênal, quand lui as-tu parlé?

— Je ne lui ai jamais parlé, répondit Julien, je n'ai jamais vu cette dame qu'à l'église.

──────── **QUESTIONS** ────────

6. Malgré son apparente faiblesse — ou peut-être à cause de celle-ci —, Julien est-il doté d'un physique assez séduisant? Stendhal a-t-il donné à son héros la séduction naturelle qui lui manquait? Quel fut le premier « protecteur » de Julien? D'où provient son intérêt pour le fils du charpentier Sorel? La personnalité de ce vieux chirurgien-major est-elle importante dans la formation du jeune homme?

7. SUR L'ENSEMBLE DU CHAPITRE IV. — Comment M. de Rênal peut-il songer à donner comme compagnon à ses enfants cet *humble* fils d'un charpentier du Jura? Le portrait du héros correspond-il à la présentation que nous en avait fait M. de Rênal au chapitre précédent? Appréciez la peinture saisissante du milieu social de Julien. Sur quels éléments l'auteur a-t-il insisté? Pourquoi? Pensez au plaidoyer final de Julien à ses jurés (liv. II, chap. XLI) : *Vous voyez en moi un paysan qui s'est révolté contre la bassesse de sa fortune.* Les sentiments « paternels » du père Sorel et les relations père et fils : comment s'explique la solitude de Julien?

UNE NÉGOCIATION — 33

— Mais tu l'auras regardée, vilain effronté ?

— Jamais ! Vous savez qu'à l'église je ne vois que Dieu, ajouta Julien, avec un petit air hypocrite, tout propre, selon lui, à éloigner le retour des taloches.

— Il y a pourtant quelque chose là-dessous, répliqua le paysan malin, et il se tut un instant ; mais je ne saurai rien de toi, maudit hypocrite. Au fait, je vais être délivré de toi, et ma scie n'en ira que mieux. Tu as gagné M. le curé ou tout autre, qui t'a procuré une belle place. Va faire ton paquet, et je te mènerai chez M. de Rênal, où tu seras précepteur des enfants.

— Qu'aurai-je pour cela ?

— La nourriture, l'habillement et trois cents francs de gages.

— Je ne veux pas être domestique.

— Animal, qui te parle d'être domestique, est-ce que je voudrais que mon fils fût domestique ?

— Mais, avec qui mangerai-je ? » **(1)**

Cette demande déconcerta le vieux Sorel, il sentit qu'en parlant il pourrait commettre quelque imprudence ; il s'emporta contre Julien, qu'il accabla d'injures, en l'accusant de gourmandise, et le quitta pour aller consulter ses autres fils.

Julien les vit bientôt après, chacun appuyé sur sa hache et tenant conseil. Après les avoir longtemps regardés, Julien, voyant qu'il ne pouvait rien deviner, alla se placer de l'autre côté de la scie, pour éviter d'être surpris. Il voulait penser à cette annonce imprévue qui changeait son sort, mais il se sentit incapable de prudence ; son imagination était tout entière à se figurer ce qu'il verrait dans la belle maison de M. de Rênal.

« Il faut renoncer à tout cela, se dit-il, plutôt que de se laisser réduire à manger avec les domestiques. Mon père voudra m'y forcer ; plutôt mourir. J'ai quinze francs huit sous d'économies, je me sauve cette nuit ; en deux jours, par des chemins de traverse où je ne crains nul gendarme, je suis à Besançon ; là, je m'engage comme soldat, et, s'il le faut, je passe en Suisse.

─────── **QUESTIONS** ───────

1. Le dialogue est peu fréquent chez Stendhal : quel est son rôle ici ? Étudiez la vivacité de ce début de chapitre. Un dialogue de sournois, où deux formes de dissimulation s'affrontent. Montrez-le. Comment Julien parvient-il à désarçonner son père ? Une réplique du héros dans ce passage ne nous prouve-t-elle pas qu'il a du Tartuffe dans l'âme ? Quel trait de caractère de notre héros dénonce cette affirmation : *Je ne veux pas être domestique* (ligne 18).

« ... il écoutait avec transport les récits des bataille d'Iéna, gagnée par Napoléon

Dessin de Swebach,

« ... batailles du pont de Lodi, d'Arcole, de Rivoli... » :
sur les Prussiens, le 14 octobre 1806.
gravé par Edme Bovinet.

Phot. Bulloz.

Mais alors plus d'avancement, plus d'ambition pour moi, plus de ce bel état de prêtre qui mène à tout. »

Cette horreur pour manger avec des domestiques n'était pas naturelle à Julien, il eût fait pour arriver à la fortune des choses bien autrement pénibles. Il puisait cette répugnance dans les *Confessions* de Rousseau. C'était le seul livre à l'aide duquel son imagination se figurait le monde. Le recueil des bulletins de la grande armée et le *Mémorial de Sainte-Hélène* complétaient son Coran. Il se serait fait tuer pour ces trois ouvrages. Jamais il ne crut en aucun autre. D'après un mot du vieux chirurgien-major, il regardait tous les autres livres du monde comme menteurs, et écrits par des fourbes pour avoir de l'avancement. (2)

Avec une âme de feu, Julien avait une de ces mémoires étonnantes si souvent unies à la sottise. Pour gagner le vieux curé Chélan, duquel il voyait bien que dépendait son sort à venir, il avait appris par cœur tout le Nouveau Testament en latin; il savait aussi le livre *Du pape* de M. de Maistre et croyait à l'un aussi peu qu'à l'autre.

Comme par un accord mutuel, Sorel et son fils évitèrent de se parler ce jour-là. Sur la brune, Julien alla prendre sa leçon de théologie chez le curé, mais il ne jugea pas prudent de lui rien dire de l'étrange proposition qu'on avait faite à son père. « Peut-être est-ce un piège », se disait-il, il faut faire semblant de l'avoir oublié. (3)

Le lendemain de bonne heure, M. de Rênal fit appeler le vieux Sorel, qui, après s'être fait attendre une heure ou deux, finit par arriver, en faisant dès la porte cent excuses, entremêlées d'autant de révérences. A force de parcourir toutes sortes d'objections, Sorel comprit que son fils mangerait avec le maître et la maîtresse de la maison, et les jours où il y aurait du monde, seul dans une chambre à part avec les

─────── **QUESTIONS** ───────

2. En quoi l'attitude de Julien dans ce chapitre prouve-t-elle qu'il a bien une *âme de feu?* Quel rôle et quelle influence ont eus ses lectures et son imagination? Montrez son développement dans ce passage. En quoi Julien ici encore ressemble-t-il à Stendhal?

3. Que laisse présager, pour la suite du roman, l'étonnante mémoire de Julien, et le but pour lequel il l'entretient? Ce trait de caractère du héros est-il également emprunté à l'auteur? Relevez ici un trait qui dans le comportement de Julien montre bien une conduite calculée. Étudiez le comportement calculateur du père Sorel. Montrez la différence des mobiles dans la dissimulation du père et du fils.

enfants. Toujours plus disposé à incidenter à mesure qu'il distinguait un véritable empressement chez M. le maire, et d'ailleurs rempli de défiance et d'étonnement, Sorel demanda à voir la chambre où coucherait son fils. C'était une grande pièce meublée fort proprement, mais dans laquelle on était déjà occupé à transporter les lits des trois enfants.

Cette circonstance fut un trait de lumière pour le vieux paysan; il demanda aussitôt avec assurance à voir l'habit que l'on donnerait à son fils. M. de Rênal ouvrit son bureau et prit cent francs.

« Avec cet argent, votre fils ira chez M. Durand, le drapier, et lèvera un habit noir complet.

— Et quand même je le retirerais de chez vous, dit le paysan, qui avait tout à coup oublié ses formes révérencieuses, cet habit noir lui restera?

— Sans doute.

— Eh bien! dit Sorel d'un ton de voix traînard, il ne reste donc plus qu'à nous mettre d'accord sur une seule chose : l'argent que vous lui donnerez.

— Comment! s'écria M. de Rênal indigné, nous sommes d'accord depuis hier : je donne trois cents francs; je crois que c'est beaucoup, et peut-être trop.

— C'était votre offre, je ne le nie point », dit le vieux Sorel, parlant encore plus lentement; et, par un effort de génie qui n'étonnera que ceux qui ne connaissent pas les paysans franc-comtois, il ajouta, en regardant fixement M. de Rênal : « *Nous trouvons mieux ailleurs.* » **(4)**

A ces mots la figure du maire fut bouleversée. Il revint cependant à lui, et, après une conversation savante de deux grandes heures, où pas un mot ne fut dit au hasard, la finesse du paysan l'emporta sur la finesse de l'homme riche, qui n'en a pas besoin pour vivre. Tous les nombreux articles qui devaient régler la nouvelle existence de Julien se trouvèrent arrêtés; non seulement ses appointements furent réglés à quatre cents francs, mais on dut les payer d'avance, le premier de chaque mois.

QUESTIONS

4. Les manœuvres du père Sorel traînent en longueur : quelles raisons a-t-il de s'attarder dans la maison de M. le maire? Étudiez l'affrontement de la *finesse du paysan* et de celle de l'*homme riche*. Montrez comment l'auteur a traité tout ce passage sur le mode d'une scène de comédie. Qui mène le dialogue?

« Eh bien! je lui remettrai trente-cinq francs », dit M. de Rênal. **(5)**

[. . . . .]

De retour à son usine, ce fut en vain que Sorel chercha son fils. Se méfiant de ce qui pouvait arriver, Julien était sorti au milieu de la nuit. Il avait voulu mettre en sûreté ses livres et sa croix de la Légion d'honneur. Il avait transporté le tout chez un jeune marchand de bois, son ami, nommé Fouqué[11], qui habitait dans la haute montagne qui domine Verrières.

Quand il reparut : « Dieu sait, maudit paresseux, lui dit son père, si tu auras jamais assez d'honneur pour me payer le prix de ta nourriture, que j'avance depuis tant d'années! Prends tes guenilles, et va-t'en chez M. le maire. »

Julien, étonné de n'être pas battu, se hâta de partir. Mais à peine hors de la vue de son terrible père, il ralentit le pas. Il jugea qu'il serait utile à son hypocrisie d'aller faire une station à l'église. **(6)**

Ce mot vous surprend? Avant d'arriver à cet horrible mot, l'âme du jeune paysan avait eu bien du chemin à parcourir.

Dès sa première enfance, la vue de certains dragons du 6ᵉ, aux longs manteaux blancs, et la tête couverte de casques aux longs crins noirs, qui revenaient d'Italie, et que Julien vit attacher leurs chevaux à la fenêtre grillée de la maison de son père, le rendit fou de l'état militaire. Plus tard il écoutait avec transport les récits des batailles du pont de Lodi, d'Arcole, de Rivoli, que lui faisait le vieux chirurgien-major. Il remarqua les regards enflammés que le vieillard jetait sur sa croix.

Mais lorsque Julien avait quatorze ans, on commença à bâtir à Verrières une église, que l'on peut appeler magnifique pour une aussi petite ville. Il y avait surtout quatre colonnes

---

11. *Fouqué*, marchand de bois, ami de Julien Sorel, apparaît ici discrètement dans l'action du roman. C'est lui qui recevra le testament spirituel de notre héros dans sa prison. Il semble qu'on puisse le rapprocher de l'ami d'enfance de Stendhal, François Bigillion, à qui il emprunte plusieurs traits de caractère.

QUESTIONS

5. A quel moment le père Sorel l'emporte-t-il, et pourquoi? Où saisissons-nous l'ironie de l'auteur à l'égard de M. de Rênal, « gentilhomme » et bourgeois? Montrez qu'outre le dialogue Stendhal a esquissé le ton et la mimique des personnages dans le cadre de cette scène, intermède dans l'action principale.

6. Expliquez la conduite de Julien en l'absence de son père. Pourquoi juge-t-il bon de s'arrêter à l'église?

de marbre dont la vue frappa Julien; elles devinrent célèbres dans le pays, par la haine mortelle qu'elles suscitèrent entre le juge de paix et le jeune vicaire, envoyé de Besançon, qui passait pour être l'espion de la congrégation[12]. Le juge de paix fut sur le point de perdre sa place, du moins telle était l'opinion commune. N'avait-il pas osé avoir un différend avec un prêtre qui, presque tous les quinze jours, allait à Besançon, où il voyait, disait-on, monseigneur l'évêque? **(7)**

Sur ces entrefaites, le juge de paix, père d'une nombreuse famille, rendit plusieurs sentences qui semblèrent injustes; toutes furent portées contre ceux des habitants qui lisaient *le Constitutionnel*[13]. Le bon parti triompha. Il ne s'agissait, il est vrai, que de sommes de trois ou de cinq francs; mais une de ces petites amendes dut être payée par un cloutier, parrain de Julien. Dans sa colère, cet homme s'écriait : « Quel changement! et dire que, depuis plus de vingt ans, le juge de paix passait pour un si honnête homme! » Le chirurgien-major, ami de Julien, était mort. **(8)**

Tout à coup Julien cessa de parler de Napoléon; il annonça le projet de se faire prêtre, et on le vit constamment, dans la scie de son père, occupé à apprendre par cœur une bible latine que le curé lui avait prêtée. Ce bon vieillard, émerveillé de ses progrès, passait des soirées entières à lui enseigner la théologie. Julien ne faisait paraître devant lui que des sentiments pieux. Qui eût pu deviner que cette figure de jeune fille, si pâle et si douce, cachait la résolution inébranlable de s'exposer à mille morts plutôt que de ne pas faire fortune!

---

12. *Congrégation.* Ce mot, employé par Stendhal et toujours écrit avec un petit *c*, ne désigne pas spécialement l'association religieuse ainsi nommée qui, fondée en 1801, se réunissait encore sous le règne de Charles X. Mais il désigne, sous la plume d'un auteur libéral, l'ensemble des réseaux d'associations secrètes qui, sous le couvert de la religion, assuraient les menées politiques sous le règne de Charles X et même avaient des visées de surveillance et de police occultes; **13.** *Le Constitutionnel :* journal qui passe pour l'organe du libéralisme de l'époque, après la suppression, par les auteurs, du *Courrier* et de *l'Indépendant*, à cause de leur esprit libéral.

QUESTIONS

7. Comment, dans ce début de chapitre, avons-nous l'« historique » de l'ambition de Julien?

8. Qui désigne Stendhal par l'expression *le bon parti*? Appréciez l'ironie sous-jacente qui voile les sentiments de l'auteur à l'égard des opinions de son temps.

40 — *LE ROUGE ET LE NOIR*

Pour Julien, faire fortune, c'était d'abord sortir de Verrières; il abhorrait sa patrie. Tout ce qu'il y voyait glaçait son imagination. **(9)**

Dès sa première enfance, il avait eu des moments d'exaltation. Alors il songeait avec délices qu'un jour il serait présenté aux jolies femmes de Paris, il saurait attirer leur attention par quelque action d'éclat. Pourquoi ne serait-il pas aimé de l'une d'elles, comme Bonaparte, pauvre encore, avait été aimé de la brillante Mme de Beauharnais? Depuis bien des années, Julien ne passait peut-être pas une heure de sa vie sans se dire que Bonaparte, lieutenant obscur et sans fortune, s'était fait le maître du monde avec son épée. Cette idée le consolait de ses malheurs qu'il croyait grands, et redoublait sa joie quand il en avait.

La construction de l'église et les sentences du juge de paix l'éclairèrent tout à coup; une idée qui lui vint le rendit comme fou pendant quelques semaines, et enfin s'empara de lui avec la toute-puissance de la première idée qu'une âme passionnée croit avoir inventée.

« Quand Bonaparte fit parler de lui, la France avait peur d'être envahie; le mérite militaire était nécessaire et à la mode. Aujourd'hui, on voit des prêtres de quarante ans avoir cent mille francs d'appointements, c'est-à-dire trois fois autant que les fameux généraux de division de Napoléon. Il leur faut des gens qui les secondent. Voilà ce juge de paix, si bonne tête, si honnête homme, jusqu'ici, si vieux, qui se déshonore par crainte de déplaire à un jeune vicaire de trente ans. Il faut être prêtre. » **(10)**

Une fois, au milieu de sa nouvelle piété, il y avait déjà deux ans que Julien étudiait la théologie, il fut trahi par une irruption soudaine du feu qui dévorait son âme. Ce fut chez

---

QUESTIONS

9. Pourquoi Julien cesse-t-il brusquement de parler de Napoléon? Expliquez le cheminement de l'ambition chez notre héros. Entre le « rouge », symbole de la carrière militaire, et le « noir », emblème de l'Église, ne sent-on pas cependant et malgré le choix de Julien percer une préférence secrète? Peut-on rapprocher Stendhal de son héros quand il déclare sa haine de Verrières?

10. Analysez les effets de l'imagination sur l'âme de Julien. N'y a-t-il pas une contradiction entre l'exaltation de cette *âme de feu* et la conduite de prudence hypocrite qu'il choisit de s'imposer? Dans ce passage, Julien s'exprime-t-il comme un arriviste ou comme un ambitieux? Appréciez la formule finale : *Il faut être prêtre*, qui clôt le bref monologue intérieur de Julien.

Phot. Larousse.

Plat décoré d'une caricature de Stendhal.

M. Chélan, à un dîner de prêtres auquel le bon curé l'avait présenté comme un prodige d'instruction, il lui arriva de louer Napoléon avec fureur. Il se lia le bras droit contre la poitrine, prétendit s'être disloqué le bras en remuant un tronc de sapin, et le porta pendant deux mois dans cette position gênante. Après cette peine afflictive, il se pardonna. Voilà le jeune homme de dix-neuf ans, mais faible en apparence, et à qui l'on en eût tout au plus donné dix-sept, qui, portant un petit paquet sous le bras, entrait dans la magnifique église de Verrières. **(11)**

Il la trouva sombre et solitaire. A l'occasion d'une fête, toutes les croisées de l'édifice avaient été couvertes d'étoffe cramoisie. Il en résultait, aux rayons du soleil, un effet de lumière éblouissant, du caractère le plus imposant et le plus religieux[14] **(12)**. Julien tressaillit. Seul, dans l'église, il s'établit dans le banc qui avait la plus belle apparence. Il portait les armes de M. de Rênal.

Sur le prie-Dieu, Julien remarqua un morceau de papier imprimé, étalé là comme pour être lu. Il y porta les yeux et vit :

Détails de l'exécution et des derniers moments de Louis Jenrel[15], *exécuté à Besançon, le...*

Le papier était déchiré. Au revers on lisait les deux premiers mots d'une ligne, c'étaient : *Le premier pas.*

« Qui a pu mettre ce papier là, dit Julien? Pauvre malheureux, ajouta-t-il avec un soupir, son nom finit comme le mien... » et il froissa le papier.

En sortant, Julien crut voir du sang près du bénitier, c'était de l'eau bénite qu'on avait répandue : le reflet des rideaux rouges qui couvraient les fenêtres la faisait paraître du sang. **(13)**

Enfin, Julien eut honte de sa terreur secrète.

---

14. *Le Moniteur* du 1ᵉʳ mai 1830 décrit dans les mêmes termes l'aspect de la chapelle des Lazaristes lors de la visite de Charles X. Stendhal l'avait certainement lu, comme le prouve le rapprochement fait par Claude Liprandi. Cet emprunt dénote la présence de la réalité historique incorporée à l'argument romanesque; 15. *Louis Jenrel*. Ce nom, imaginé par Stendhal, est en réalité l'anagramme de Julien Sorel.

QUESTIONS

11. Pourquoi Julien se punit-il après ce qu'il considère comme une trahison?

12. Le romancier nous a-t-il bien fait pénétrer dans les méandres de l'âme de son héros lorsque avec lui nous entrons dans l'église de Verrières? Peu prodigue de détails, Stendhal, dans cette courte évocation de l'église de Verrières, cadre du drame à venir, a cependant choisi quelques épithètes évocatrices. Appréciez-les.

Question 13, v. p. 43.

« Serais-je un lâche! se dit-il, *aux armes!* »

Ce mot si souvent répété dans les récits de batailles du vieux chirurgien était héroïque pour Julien. Il se leva et marcha rapidement vers la maison de M. de Rênal. **(14)**

Malgré ces belles résolutions, dès qu'il l'aperçut à vingt pas de lui, il fut saisi d'une invincible timidité. La grille de fer était ouverte, elle lui semblait magnifique, il fallait entrer là-dedans.

Julien n'était pas la seule personne dont le cœur fût troublé par son arrivée dans cette maison. L'extrême timidité de Mme de Rênal était déconcertée par l'idée de cet étranger, qui, d'après ses fonctions, allait constamment se trouver entre elle et ses enfants. Elle était accoutumée à avoir ses fils couchés dans sa chambre. Le matin, bien des larmes avaient coulé quand elle avait vu transporter leurs petits lits dans l'appartement destiné au précepteur. Ce fut en vain qu'elle demanda à son mari que le lit de Stanislas-Xavier, le plus jeune, fût reporté dans sa chambre.

La délicatesse de femme était poussée à un point excessif chez Mme de Rênal. Elle se faisait l'image la plus désagréable d'un être grossier et mal peigné, chargé de gronder ses enfants, uniquement parce qu'il savait le latin, un langage barbare pour lequel on fouetterait ses fils. **(15) (16)**

QUESTIONS

13. Pouvez-vous préciser la nature de l'émotion qui étreint Julien à son arrivée dans l'église? Relevez tous les détails qui accusent le caractère prémonitoire de cette scène. N'y a-t-il pas une insistance de l'auteur sur la couleur rouge qui aurait pu pousser certains commentateurs à donner une interprétation du titre du roman autre que celle qui est généralement admise?

14. Relevez le vocabulaire militaire qui vient à point chez notre héros pour redonner de l'énergie à cette âme sensible.

15. Expliquez la timidité de Julien pénétrant pour la première fois chez M. de Rênal. Pourquoi de son côté Mme de Rênal est-elle troublée par l'annonce de l'arrivée du précepteur de ses enfants? Comment Stendhal a-t-il parallèlement cultivé l'émotivité de ses deux héros pour préparer leur première rencontre?

16. SUR L'ENSEMBLE DU CHAPITRE V. — Résumez les événements de ce chapitre. A-t-on beaucoup progressé du point de vue de l'action? Quels sont les « apprentissages » de Julien avant de rencontrer Mme de Rênal? Vous semble-t-il destiné à éprouver une grande passion? Julien est-il vraiment un « hypocrite consommé »? Étudiez l'influence de l'épopée napoléonienne sur la jeunesse du début du XIXe siècle à travers notre héros. Soulignez, d'autre part, les notations précises qui inscrivent en toile de fond les petits faits de la chronique du règne de Charles X vécus dans une petite ville de province.

CHAPITRE VI

L'ENNUI

> Non so più cosa son,
> Cosa facio[16].
> MOZART. *(Figaro.)*

Avec la vivacité et la grâce qui lui étaient naturelles quand elle était loin des regards des hommes, Mme de Rênal sortait par la porte-fenêtre du salon qui donnait sur le jardin, quand elle aperçut près de la porte d'entrée la figure d'un jeune paysan
5 presque encore enfant, extrêmement pâle et qui venait de pleurer. Il était en chemise bien blanche, et avait sous le bras une veste fort propre de ratine violette.

Le teint de ce petit paysan était si blanc, ses yeux si doux, que l'esprit un peu romanesque de Mme de Rênal eut d'abord
10 l'idée que ce pouvait être une jeune fille déguisée, qui venait demander quelque grâce à M. le maire. Elle eut pitié de cette pauvre créature, arrêtée à la porte d'entrée, et qui évidemment n'osait pas lever la main jusqu'à la sonnette. Mme de Rênal s'approcha, distraite un instant de l'amer chagrin que lui
15 donnait l'arrivée du précepteur. Julien, tourné vers la porte, ne la voyait pas s'avancer. Il tressaillit quand une voix douce dit tout près de son oreille : **(1)**

« Que voulez-vous ici, mon enfant? »

Julien se tourna vivement, et, frappé du regard si rempli
20 de grâce de Mme de Rênal, il oublia une partie de sa timidité. Bientôt, étonné de sa beauté, il oublia tout, même ce qu'il venait faire. Mme de Rênal avait répété sa question.

« Je viens pour être précepteur, Madame », lui dit-il enfin, tout honteux de ses larmes qu'il essuyait de son mieux.

---

16. Stendhal a pris soin de donner un titre à chacun de ses chapitres et d'inscrire en épigraphe une sentence d'un auteur de son choix. Ici, extraite du livret italien des *Noces de Figaro* de Mozart, musicien favori de Stendhal; traduction : « Je ne sais plus ce que je suis, ce que je fais. »

QUESTIONS
---

1. Mise sous le signe de Mozart *(Nozze di Figaro)* par la citation du début du chapitre, la rencontre de Mme de Rênal et de Julien n'est-elle pas une réplique de celle de Chérubin et de la Comtesse dans l'ouvrage cité par Stendhal? Soulignez, d'autre part, une analogie de situation et de ton avec *la Nouvelle Héloïse* — et aussi avec le passage du livre II des *Confessions*, relatant la première rencontre de Jean-Jacques et de Mme de Warens.

Mme de Rênal resta interdite, ils étaient fort près l'un de l'autre à se regarder. Julien n'avait jamais vu un être aussi bien vêtu et surtout une femme avec un teint si éblouissant, lui parler d'un air doux (2). Mme de Rênal regardait les grosses larmes qui s'étaient arrêtées sur les joues si pâles d'abord et maintenant si roses de ce jeune paysan. Bientôt elle se mit à rire, avec toute la gaieté folle d'une jeune fille, elle se moquait d'elle-même et ne pouvait se figurer tout son bonheur. Quoi, c'était là ce précepteur qu'elle s'était figuré comme un prêtre sale et mal vêtu, qui viendrait gronder et fouetter ses enfants!

« Quoi, Monsieur, lui dit-elle enfin, vous savez le latin? »

Ce mot de Monsieur étonna si fort Julien qu'il réfléchit un instant.

« Oui, Madame », dit-il timidement.

Mme de Rênal était si heureuse, qu'elle osa dire à Julien :

« Vous ne gronderez pas trop ces pauvres enfants?

— Moi, les gronder, dit Julien étonné, et pourquoi?

— N'est-ce pas, Monsieur, ajouta-t-elle après un petit silence et d'une voix dont chaque instant augmentait l'émotion, vous serez bon pour eux, vous me le promettez? » (3)

S'entendre appeler de nouveau Monsieur, bien sérieusement, et par une dame si bien vêtue, était au-dessus de toutes les prévisions de Julien : dans tous les châteaux en Espagne de sa jeunesse, il s'était dit qu'aucune dame comme il faut ne daignerait lui parler que quand il aurait un bel uniforme. Mme de Rênal, de son côté, était complètement trompée par la beauté du teint, les grands yeux noirs de Julien et ses jolis cheveux qui frisaient plus qu'à l'ordinaire, parce que pour se rafraîchir il venait de plonger la tête dans le bassin de la fontaine publique. A sa grande joie, elle trouvait l'air timide d'une jeune fille à ce fatal précepteur, dont elle avait tant

——— **QUESTIONS** ———

2. Notez les éléments dramatiques du passage et les indications de mise en scène (gestes, costumes et même ton des personnages) qui nous rappellent que Stendhal, passionné d'opéra, aurait aimé écrire des pièces de théâtre. De quoi est fait le romanesque de nos deux héros et comment s'exprime-t-il dans ce passage?

3. Pourquoi, en présence de Julien, Mme de Rênal se laisse-t-elle aller à sa vivacité naturelle? Contrairement à ce qu'aurait pu imaginer notre jeune ambitieux, son air perdu de jeune paysan l'a-t-il desservi à son arrivée au château? La conduite de Julien a-t-elle été aussi prudemment calculée qu'un hypocrite de métier l'aurait souhaité? N'est-ce pas par ces « failles » dans la prudence de notre héros que Stendhal conquiert notre sympathie pour Julien? Pourquoi?

redouté pour ses enfants la dureté et l'air rébarbatif. Pour l'âme si paisible de Mme de Rênal, le contraste de ses craintes et de ce qu'elle voyait fut un grand événement. Enfin elle revint de sa surprise. Elle fut étonnée de se trouver ainsi à la porte de sa maison avec ce jeune homme presque en chemise et si près de lui.

« Entrons, Monsieur », lui dit-elle d'un air assez embarrassé.

De sa vie une sensation purement agréable n'avait aussi profondément ému Mme de Rênal, jamais une apparition aussi gracieuse n'avait succédé à des craintes plus inquiétantes. Ainsi ces jolis enfants, si soignés par elle, ne tomberaient pas dans les mains d'un prêtre sale et grognon. A peine entrée sous le vestibule, elle se retourna vers Julien qui la suivait timidement. Son air étonné, à l'aspect d'une maison si belle, était une grâce de plus aux yeux de Mme de Rênal. Elle ne pouvait en croire ses yeux, il lui semblait surtout que le précepteur devait avoir un habit noir.

« Mais, est-il vrai, Monsieur, lui dit-elle en s'arrêtant encore, et craignant mortellement de se tromper, tant sa croyance la rendait heureuse, vous savez le latin ? » **(4)**

Ces mots choquèrent l'orgueil de Julien et dissipèrent le charme dans lequel il vivait depuis un quart d'heure.

« Oui, Madame, lui dit-il en cherchant à prendre un air froid ; je sais le latin aussi bien que M. le curé, et même quelquefois il a la bonté de dire mieux que lui. » **(5)**

Mme de Rênal trouva que Julien avait l'air fort méchant, il s'était arrêté à deux pas d'elle. Elle s'approcha et lui dit à mi-voix :

« N'est-ce pas, les premiers jours, vous ne donnerez pas le fouet à mes enfants, même quand ils ne sauraient pas leurs leçons. »

Ce ton si doux et presque suppliant d'une si belle dame fit tout à coup oublier à Julien ce qu'il devait à sa réputation

---
QUESTIONS

4. Montrez d'après les documents cités que Stendhal a donné à Julien les traits d'Antoine Berthet. Appréciez l'adjectif dans *fatal précepteur*. Pourquoi a-t-on pu dire que Stendhal parait son héros des séductions dont il était lui-même dépourvu ? Quelles sont les raisons qui dans ce début de chapitre font monter une sorte d'allégresse dans l'âme des deux personnages ?

5. Stendhal, à la ligne 77, a-t-il employé le mot *charme* au sens classique ? En quoi consiste, en effet, le charme de cette rencontre ?

de latiniste. La figure de Mme de Rênal était près de la sienne,
il sentit le parfum des vêtements d'été d'une femme, chose si
étonnante pour un pauvre paysan. Julien rougit extrêmement
et dit avec un soupir et d'une voix défaillante :
« Ne craignez rien, Madame, je vous obéirai en tout. » **(6)**
Ce fut en ce moment seulement, quand son inquiétude
pour ses enfants fut tout à fait dissipée, que Mme de Rênal
fut frappée de l'extrême beauté de Julien. La forme presque
<u>féminine</u> de ses traits et <u>son air d'embarras</u> ne semblèrent
point ridicules à une femme extrêmement timide elle-même.
L'air mâle que l'on trouve communément nécessaire à la beauté
d'un homme lui eût fait peur.
« Quel âge avez-vous, Monsieur? dit-elle à Julien.
— Bientôt dix-neuf ans.
— Mon fils aîné a onze ans, reprit Mme de Rênal tout à
fait rassurée, ce sera presque un camarade pour vous, vous
lui parlerez raison. Une fois son père a voulu le battre, l'enfant
a été malade pendant toute une semaine, et cependant c'était
un bien petit coup. » **(7)**
« Quelle différence avec moi, pensa Julien. Hier encore,
mon père m'a battu. Que ces gens riches sont heureux! »
Mme de Rênal en était déjà à saisir les moindres nuances
de ce qui se passait dans l'âme du précepteur; elle prit ce
mouvement de tristesse pour de la timidité, et voulut l'encourager. **(8)**
« Quel est votre nom, Monsieur, lui dit-elle avec un accent
et une grâce dont Julien sentit tout le charme, sans pouvoir
s'en rendre compte.
— On m'appelle Julien Sorel, Madame; je tremble en entrant

QUESTIONS

6. Notez par quelle sensation purement physique indiquée directement par l'auteur Julien va effectivement retomber sous le charme. Ne trouvez-vous pas un écho racinien sous la pudeur de l'expression dans la réponse innocente de Julien : *Ne craignez rien, Madame, je vous obéirai en tout?* Pouvez-vous préciser un rapprochement de ton et de situation avec une tragédie de Racine?

7. Comment l'auteur peu à peu nous conduit-il à penser que Mme de Rênal est séduite par Julien à son insu? Qu'est-ce qui la range dans la lignée des héroïnes « maternelles »? Pouvez-vous la rapprocher de Mme de Mortsauf (Balzac, *le Lys dans la vallée*) et de Mme Arnoux (Flaubert, *l'Éducation sentimentale*)?

8. A la ligne 108, Julien prend brusquement ses distances et s'assombrit. Pourquoi? Comment l'auteur tout d'un coup rappelle-t-il l'inégalité sociale entre les deux héros?

pour la première fois de ma vie dans une maison étrangère, j'ai besoin de votre protection et que vous me pardonniez bien des choses les premiers jours. Je n'ai jamais été au collège, j'étais trop pauvre; je n'ai jamais parlé à d'autres hommes que mon cousin le chirurgien-major, membre de la Légion d'honneur, et M. le curé Chélan. Il vous rendra bon témoignage de moi. Mes frères m'ont toujours battu, ne les croyez pas s'ils vous disent du mal de moi, pardonnez mes fautes, Madame, je n'aurai jamais mauvaise intention. »

Julien se rassurait pendant ce long discours, il examinait Mme de Rênal (9). Tel est l'effet de la grâce parfaite, quand elle est naturelle au caractère, et que surtout la personne qu'elle décore ne songe pas à avoir de la grâce, Julien, qui se connaissait fort bien en beauté féminine, eût juré dans cet instant qu'elle n'avait que vingt ans. Il eut sur-le-champ l'idée hardie de lui baiser la main. Bientôt il eut peur de son idée; un instant après il se dit : « Il y aurait de la lâcheté à moi de ne pas exécuter une action qui peut m'être utile, et diminuer le mépris que cette belle dame a probablement pour un pauvre ouvrier à peine arraché à la scie (10). » Peut-être Julien fut-il un peu encouragé par ce mot de joli garçon, que depuis six mois il entendait répéter le dimanche par quelques jeunes filles. Pendant ces débats intérieurs, Mme de Rênal lui adressait deux ou trois mots d'instruction sur la façon de débuter avec les enfants. La violence que se faisait Julien le rendit de nouveau fort pâle; il dit, d'un air contraint :

« Jamais, Madame, je ne battrai vos enfants; je le jure devant Dieu. »

Et en disant ces mots, il osa prendre la main de Mme de Rênal et la porter à ses lèvres. Elle fut étonnée de ce geste, et par réflexion choquée. Comme il faisait très chaud, son bras était tout à fait nu sous son châle, et le mouvement de Julien, en portant la main à ses lèvres, l'avait entièrement

───── **QUESTIONS** ─────

9. Déjà entre ces deux êtres timides *des affinités électives* se sont établies. Montrez-le à partir du texte de cette page. — Julien, ici, contrôle déjà son abandon. Pourquoi? — Que pensez-vous de son *long discours*? Est-il propre à émouvoir Mme de Rênal?

10. En quoi consiste *la grâce parfaite* de Mme de Rênal? Comment Stendhal montre-t-il tout d'un coup son héros objet d'une impulsion irraisonnée? (Ligne 132 : *Il eut l'idée hardie de lui baiser la main.*) Montrez qu'à la fin de cette première rencontre Stendhal, sous le jeune paysan gauche et ignorant le monde, a laissé percer la tactique du séducteur?

découvert. Au bout de quelques instants, elle se gronda elle-même, il lui sembla qu'elle n'avait pas été assez rapidement indignée.

M. de Rênal, qui avait entendu parler, sortit de son cabinet; du même air majestueux et paterne qu'il prenait lorsqu'il faisait des mariages à la mairie, il dit à Julien :

« Il est essentiel que je vous parle avant que les enfants ne vous voient. » **(11)**

[. . . . .]

« Maintenant, *Monsieur*, car d'après mes ordres tout le monde ici va vous appeler Monsieur, et vous sentirez l'avantage d'entrer dans une maison de gens comme il faut; maintenant, Monsieur, il n'est pas convenable que les enfants vous voient en veste. Les domestiques l'ont-ils vu? dit M. de Rênal à sa femme.

— Non, mon ami, répondit-elle d'un air profondément pensif.

— Tant mieux. Mettez ceci, dit-il au jeune homme surpris, en lui donnant une redingote à lui. Allons maintenant chez M. Durand, le marchand de drap. » **(12)**

Plus d'une heure après, quand M. de Rênal rentra avec le nouveau précepteur tout habillé de noir, il retrouva sa femme assise à la même place. Elle se sentit tranquillisée par la présence de Julien, en l'examinant elle oubliait d'en avoir peur. Julien ne songeait point à elle; malgré toute sa méfiance du destin et des hommes, son âme dans ce moment n'était que celle d'un enfant, il lui semblait avoir vécu des années depuis l'instant où, trois heures auparavant, il était tremblant dans l'église. Il remarqua l'air glacé de Mme de Rênal, il comprit qu'elle était en colère de ce qu'il avait osé lui baiser

─────────── **QUESTIONS** ───────────

11. Où réside l'orgueil de Julien? Quel est le mobile de son acte?
— Le charme est rompu. Pourquoi? Comment l'entrée de M. de Rênal souligne-t-elle la retombée de la scène et nous fait-elle reprendre le ton de la comédie bourgeoise? Qu'est-ce qui peut blesser l'orgueil de Julien dans les paroles de M. de Rênal exprimées en présence de sa femme?
— Pourquoi, par contraste, avec la situation romanesque précédente, dans le chapitre, M. de Rênal est-il montré ici sous son côté « petit-bourgeois »?

12. Instruit par la mesquinerie de M. de Rênal, Julien va-t-il apprendre à son avantage ou à ses dépens que « l'habit fait presque toujours le moine »? — Stendhal, qui manquait d'élégance naturelle, était sensible à l'aisance et à la supériorité que donnent des vêtements neufs et bien coupés. A-t-il laissé transparaître ses sentiments au travers de son héros?

la main. Mais le sentiment d'orgueil que lui donnait le contact d'habits si différents de ceux qu'il avait coutume de porter, le mettait tellement hors de lui-même, et il avait tant d'envie de cacher sa joie, que tous ses mouvements avaient quelque chose de brusque et de fou. Mme de Rênal le contemplait avec des yeux étonnés.

« De la gravité, Monsieur, lui dit M. de Rênal, si vous voulez être respecté de mes enfants et de mes gens.

— Monsieur, répondit Julien, je suis gêné dans ces nouveaux habits; moi, pauvre paysan, je n'ai jamais porté que des vestes; j'irai, si vous le permettez, me renfermer dans ma chambre. **(13)**

— Que te semble de cette nouvelle acquisition? » dit M. de Rênal à sa femme.

Par un mouvement presque instinctif, et dont certainement elle ne se rendit pas compte, Mme de Rênal déguisa la vérité à son mari.

« Je ne suis point aussi enchantée que vous de ce petit paysan, vos prévenances en feront un impertinent que vous serez obligé de renvoyer avant un mois.

— Eh bien! nous le renverrons, ce sera une centaine de francs qu'il m'en pourra coûter, et Verrières sera accoutumée à voir un précepteur aux enfants de M. de Rênal. Ce but n'eût point été rempli si j'eusse laissé à Julien l'accoutrement d'un ouvrier. En le renvoyant, je retiendrai, bien entendu, l'habit noir complet que je viens de lever chez le drapier. Il ne lui restera que ce que je viens de trouver tout fait chez le tailleur, et dont je l'ai couvert. » **(14)**

L'heure que Julien passa dans sa chambre parut un instant à Mme de Rênal. Les enfants, auxquels l'on avait annoncé le nouveau précepteur, accablaient leur mère de questions. Enfin

---
QUESTIONS

13. Pourquoi l'auteur affirme-t-il à la fin de cette entrevue en parlant de Julien : *son âme n'était que celle d'un enfant?* — Au début de la première partie du roman, Julien n'a pas la volonté d'un hypocrite : montrez que ses gestes le trahissent et que son naturel exalté reprend le dessus, en un mot que Tartuffe n'a pas encore appris son rôle. — Qu'y a-t-il d'humoristique dans cette situation : Julien recevant ses premières leçons de « maintien » social de M. de Rênal? — Pourquoi Julien ne se sent-il plus à la hauteur de son rôle devant témoins?

14. Pour quelles raisons Mme de Rênal déguise-t-elle inconsciemment sa pensée lorsque son mari l'interroge sur Julien. Quel trait de caractère souligne cette dernière réflexion de M. de Rênal?

Julien parut. C'était un autre homme. C'eût été mal parler que de dire qu'il était grave; c'était la gravité incarnée. Il fut présenté aux enfants, et leur parla d'un air qui étonna M. de Rênal lui-même.

215 « Je suis ici, Messieurs, leur dit-il en finissant son allocution, pour vous apprendre le latin. Vous savez ce que c'est que de réciter une leçon. Voici la sainte Bible, dit-il en leur montrant un petit volume in-32, relié en noir. C'est particulièrement l'histoire de Notre-Seigneur Jésus-Christ, c'est la
220 partie qu'on appelle le Nouveau Testament. Je vous ferai souvent réciter des leçons, faites-moi réciter la mienne. » **(15)**

Adolphe, l'aîné des enfants, avait pris le livre.

« Ouvrez-le, au hasard, continua Julien, et dites-moi le premier mot d'un alinéa. Je réciterai par cœur le livre sacré,
225 règle de notre conduite à tous, jusqu'à ce que vous m'arrêtiez. »

Adolphe ouvrit le livre, lut un mot, et Julien récita toute la page avec la même facilité que s'il eût parlé français. M. de Rênal regardait sa femme d'un air de triomphe. Les enfants, voyant l'étonnement de leurs parents, ouvraient de grands
230 yeux. Un domestique vint à la porte du salon, Julien continua de parler latin. Le domestique resta d'abord immobile, et ensuite disparut. Bientôt la femme de chambre de Madame et la cuisinière arrivèrent près de la porte; alors Adolphe avait déjà ouvert le livre en huit endroits, et Julien récitait
235 toujours avec la même facilité.

« Ah, mon Dieu! le joli petit prêtre », dit tout haut la cuisinière, bonne fille fort dévote.

L'amour-propre de M. de Rênal était inquiet; loin de songer à examiner le précepteur, il était tout occupé à chercher
240 dans sa mémoire quelques mots latins; enfin, il put dire un vers d'Horace. Julien ne savait de latin que sa Bible. Il répondit en fronçant le sourcil :

« Le saint ministère auquel je me destine m'a défendu de lire un poète aussi profane. » **(16)**

QUESTIONS

15. Appréciez les dons d'acteur (et d'hypocrite au sens étymologique) du jeune Sorel. — Quel est le côté théâtral et même « charlatan » du personnage qu'il vient de composer? Comment son étonnante mémoire va-t-elle lui procurer un succès facile devant son auditoire?

16. Cette prodigieuse mémoire est-elle un trait autobiographique chez Stendhal? — Soulignez le comique de cette scène dont les domestiques deviennent les spectateurs. Si Julien avait eu affaire à un homme plus intelligent que M. de Rênal son succès serait-il resté aussi parfait?

M. de Rênal cita un assez grand nombre de prétendus vers d'Horace. Il expliqua à ses enfants ce que c'était qu'Horace; mais les enfants, frappés d'admiration, ne faisaient guère attention à ce qu'il disait. Ils regardaient Julien.

Les domestiques étant toujours à la porte, Julien crut devoir prolonger l'épreuve :

« Il faut, dit-il au plus jeune des enfants, que M. Stanislas-Xavier m'indique aussi un passage du livre saint. »

Le petit Stanislas, tout fier, lut tant bien que mal le premier mot d'un alinéa, et Julien dit toute la page. Pour que rien ne manquât au triomphe de M. de Rênal, comme Julien récitait, entrèrent M. Valenod, le possesseur des beaux chevaux normands, et M. Charcot de Maugiron, sous-préfet de l'arrondissement. Cette scène valut à Julien le titre de Monsieur; les domestiques eux-mêmes n'osèrent pas le lui refuser. **(17)**

Le soir, tout Verrières afflua chez M. de Rênal pour voir la merveille. Julien répondait à tous d'un air sombre qui tenait à distance. Sa gloire s'étendit si rapidement dans la ville, que peu de jours après M. de Rênal, craignant qu'on ne le lui enlevât, lui proposa de signer un engagement de deux ans.

« Non, Monsieur, répondit froidement Julien, si vous vouliez me renvoyer je serais obligé de sortir. Un engagement qui me lie sans vous obliger à rien n'est point égal, je le refuse. »

Julien sut si bien faire que, moins d'un mois après son arrivée dans la maison, M. de Rênal lui-même le respectait. Le curé étant brouillé avec MM. de Rênal et Valenod, personne ne put trahir l'ancienne passion de Julien pour Napoléon, il n'en parlait qu'avec horreur. **(18) (19)**

QUESTIONS
---

17. Quel sentiment pousse Julien à prolonger l'*épreuve* (ligne 250)? Quel agrandissement de son auditoire contribue au succès et à la renommée de Julien dans cette page? Dans cette scène, en même temps qu'une amicale ironie à l'égard de son héros, l'auteur décoche plusieurs traits de raillerie à l'égard du Tout-Verrières. Par quels moyens?

18. Le succès encourage le comédien : soulignez l'analyse minutieuse des progrès des « talents d'acteur » de Julien. Appréciez son auditoire. Quel est le mot de M. de Rênal qui ferait songer à un acteur ou même à une « attraction » dont on veut s'assurer l'exclusivité? Le parallélisme entre Julien et Tartuffe s'affirme dans le dernier paragraphe du chapitre. Comment?

Question 19, v. p. 53.

RÉSUMÉ DU CHAPITRE VII

Dans ce chapitre, Stendhal nous montre l'installation de Julien dans la maison de M. de Rênal, où, à dire vrai, il se sent étranger. Par moments même il n'arrive pas à cacher son mépris pour la société qu'il fréquente. Il y a du Ruy Blas dans Julien, qui n'a point l'âme d'un laquais sous son bel habit noir. Et cet habit qui n'est pas une livrée le met en butte à la haine des domestiques. Ce maudit habit lui attirera même les sarcasmes de M. Valenod. Cependant, les apparentes largesses de son maître n'arrivent pas à cacher la pauvreté même vestimentaire du jeune Sorel. Une seule âme est à l'unisson de celle de Julien : celle de Mme de Rênal, pour qui, cependant, il se défend de tout élan, et le souvenir de son mouvement spontané, en arrivant au château. Quant à elle, sa naïveté et son innocence, qu'aucun roman n'a instruites, lui font offrir à Julien une aide matérielle que le caractère ombrageux et fier de celui-ci repousse aussitôt. Mais son amour déjà naissant pour Julien lui donne de l'audace et de l'inspiration. Ne va-t-elle pas découvrir le moyen de lui procurer les livres « libéraux » dont il désire la lecture ? C'est à Julien qu'il convient de trouver par quel biais ingénieux pourra être conclu un abonnement de lecture. Ainsi s'écoule sa vie avec de « petites négociations » qui ne sont guère au niveau de son génie de la dissimulation. Cependant, même minimes, ses succès dans son rôle d'hypocrite l'empêchent de lire l'amour dans les yeux de Mme de Rênal, et tous vivent parfaitement dans l'ignorance de leurs sentiments jusqu'à ce que quelques *petits événements* les révèlent à eux-mêmes.

CHAPITRE VIII

PETITS ÉVÉNEMENTS

[La femme de chambre Élisa confesse au bon curé Chélan son amour pour Julien. Celui-ci repousse cette union, et le prêtre, clairvoyant, sonde l'âme de notre héros, qu'il essaie de détourner de

---
QUESTIONS
---

19. Sur l'ensemble du chapitre VI. — Cet ambitieux a de l'étoffe, mais n'est vraiment qu'un débutant à tous les sens du terme. Comment ce chapitre nous l'a-t-il montré ? Sa rapidité d'adaptation laisse-t-elle bien augurer de sa carrière ? Montrez que l'auteur a quand même souligné, de façon discrète mais certaine, dans l'ensemble du chapitre, que Julien conservait sous le masque une *âme de feu*. — La « cristallisation » s'opère chez nos deux héros. Elle est surtout sensible, peut-être, chez Mme de Rênal, qui sans le savoir, vivait en attente d'un bonheur ignoré jusque-là. Comment à son insu de la première rencontre est-elle séduite par Julien ? — Et comment Julien de son côté est-il sensible dès le début à la grâce de cette *âme naïve* qu'est Mme de Rênal ? Quel est le seul personnage du drame qui garde les mesures étroites du vaudeville ? Soulignez sa valeur antithétique.

54 — *LE ROUGE ET LE NOIR*

l'état de prêtre, dont il n'a pas la vocation profonde. — Julien *pleure avec délices*, tout en cachant son émotion devant l'amitié perspicace de son ami, mais se barde de nouveau de sa cuirasse d'hypocrisie pour répondre au vertueux curé. Stendhal note les progrès de cette hypocrisie *cauteleuse et prudente* dont Julien n'a pas encore eu de *grands modèles* à la campagne. Pour Mme de Rênal, l'incident avec Élisa a servi de « révélateur » de sa passion, car elle tombe malade de jalousie à la nouvelle de ces projets de mariage. Et lorsque Élisa se voit refusée par Julien, Mme de Rênal ressent un tel bonheur qu'elle se pose avec étonnement la question : *Aurais-je de l'amour pour Julien ?* Cette découverte de ses propres sentiments ne suscite aucun remords, mais elle bouleverse profondément sa sensibilité et même sa conduite habituelle, et la passion lui donne des choses et des gens une vision neuve. Or, dès les premiers jours du printemps, la famille s'établit à Vergy dans la propriété de campagne de M. de Rênal.]

[...] La vue de la campagne sembla nouvelle à Mme de Rênal ; son admiration allait jusqu'aux transports. Le sentiment dont elle était animée lui donnait de l'esprit et de la résolution. Dès le surlendemain de l'arrivée à Vergy[17], M. de Rênal étant
5 retourné à la ville, pour les affaires de la mairie, Mme de Rênal prit des ouvriers à ses frais. Julien lui avait donné l'idée d'un petit chemin sablé, qui circulerait dans le verger et sous les grands noyers, et permettrait aux enfants de se promener dès le matin, sans que leurs souliers fussent mouillés par la rosée.
10 Cette idée fut mise à exécution moins de vingt-quatre heures après avoir été conçue. Mme de Rênal passa toute la journée gaiement avec Julien à diriger les ouvriers. **(1)**

Lorsque le maire de Verrières revint de la ville, il fut bien surpris de trouver l'allée faite. Son arrivée surprit aussi Mme de
15 Rênal ; elle avait oublié son existence. Pendant deux mois, il parla avec humeur de la hardiesse qu'on avait eue de faire, sans le consulter, une *réparation* aussi importante, mais Mme de Rênal l'avait exécutée à ses frais, ce qui le consolait un peu.

---

17. *Vergy* : nom emprunté par l'auteur à un village de la Côte-d'Or près de Dijon, célèbre par les aventures de sa châtelaine — contées dans un roman en vers du XIIIe siècle et qui vient de paraître en version française en 1829. Mais l'auteur donne à ce lieu réel des traits empruntés à ses souvenirs personnels, en particulier ceux de la demeure familiale des Beyle près de Claix.

QUESTIONS

1. Le sentiment romantique de l'amour et de la nature apparaît ici de manière d'autant plus forte que sa peinture en est discrète. Montrez-le.

Elle passait ses journées à courir avec ses enfants dans le verger, et à faire la chasse aux papillons. On avait construit de grands capuchons de gaze claire, avec lesquels on prenait les pauvres *lépidoptères*. C'est le nom barbare que Julien apprenait à Mme de Rênal. Car elle avait fait venir de Besançon le bel ouvrage de M. Godart[18] et Julien lui racontait les mœurs singulières de ces pauvres bêtes. **(2)**

On les piquait sans pitié avec des épingles dans un grand cadre de carton arrangé aussi par Julien.

Il y eut enfin entre Mme de Rênal et Julien un sujet de conversation, il ne fut plus exposé à l'affreux supplice que lui donnaient les moments de silence.

Ils se parlaient sans cesse, et avec un intérêt extrême, quoique toujours de choses fort innocentes. Cette vie active, occupée et gaie, était du goût de tout le monde, excepté de Mlle Elisa, qui se trouvait excédée de travail. « Jamais dans le carnaval, disait-elle, quand il y a bal à Verrières, Madame ne s'est donné tant de soins pour sa toilette; elle change de robes deux ou trois fois par jour. »

Comme notre intention est de ne flatter personne, nous ne nierons point que Mme de Rênal, qui avait une peau superbe, ne se fît arranger des robes qui laissaient les bras et la poitrine fort découverts. Elle était très bien faite, et cette manière de se mettre lui allait à ravir.

« Jamais vous *n'avez été si jeune*, Madame, lui disaient ses amis de Verrières qui venaient dîner à Vergy. » (C'est une façon de parler du pays.) **[3]**

Une chose singulière, qui trouvera peu de croyance, parmi nous, c'était sans intention directe que Mme de Rênal se livrait à tant de soins. Elle y trouvait du plaisir; et, sans y songer autrement, tout le temps qu'elle ne passait pas à la chasse aux papillons avec les enfants et Julien, elle travaillait avec

---

18. *Godart* : auteur d'une *Histoire naturelle des lépidoptères*.

QUESTIONS

2. Comment la passion a-t-elle transformé la personnalité de Mme de Rênal? — De quoi est fait ce bonheur champêtre? Étudiez ici l'influence de *la Nouvelle Héloïse*.

3. Comment l'auteur nous fait-il pressentir que cet innocent bonheur n'est peut-être qu'une apparence? N'existe-t-il pas une gêne mutuelle chez nos deux héros? En quoi consiste l'inconsciente rouerie de Mme de Rênal? (Voir aussi livre premier, chapitre vi.)

Elisa à bâtir des robes. Sa seule course à Verrières fut causée par l'envie d'acheter de nouvelles robes d'été qu'on venait d'apporter de Mulhouse.

Elle ramena à Vergy une jeune femme de ses parentes. Depuis son mariage, Mᵐᵉ de Rênal s'était liée insensiblement avec Mᵐᵉ Derville[19] qui autrefois avait été sa compagne au *Sacré-Cœur*.

Mᵐᵉ Derville riait beaucoup de ce qu'elle appelait les idées folles de sa cousine : « Seule, jamais je n'y penserais », disait-elle. Ces idées imprévues qu'on eût appelées saillies à Paris, Mᵐᵉ de Rênal en avait honte comme d'une sottise, quand elle était avec son mari; mais la présence de Mᵐᵉ Derville lui donnait du courage. Elle lui disait d'abord ses pensées d'une voix timide; quand ces dames étaient longtemps seules, l'esprit de Mᵐᵉ de Rênal s'animait, et une longue matinée solitaire passait comme un instant et laissait les deux amies fort gaies **(4)**. A ce voyage la raisonnable Mᵐᵉ Derville trouva sa cousine beaucoup moins gaie et beaucoup plus heureuse.

Julien, de son côté, avait vécu en véritable enfant depuis son séjour à la campagne, aussi heureux de courir à la suite des papillons que ses élèves. Après tant de contrainte et de politique habile, seul, loin des regards des hommes, et, par instinct, ne craignant point Mᵐᵉ de Rênal, il se livrait au plaisir d'exister, si vif à cet âge, et au milieu des plus belles montagnes du monde.

Dès l'arrivée de Mᵐᵉ Derville, il sembla à Julien qu'elle était son amie; il se hâta de lui montrer le point de vue que l'on a de l'extrémité de la nouvelle allée sous les grands noyers; dans le fait, il est égal, si ce n'est supérieur à ce que la Suisse et les lacs d'Italie peuvent offrir de plus admirable. Si l'on monte la côte rapide qui commence à quelques pas de là, on arrive bientôt à de grands précipices bordés par des bois de chênes, qui s'avancent presque jusque sur la rivière. C'est sur les sommets de ces rochers coupés à pic, que Julien, heu-

---

19. *Mᵐᵉ Derville* : personnage romanesque peint d'après une amie de la sœur de Stendhal, Pauline. L'auteur lui avait donné ce surnom dès 1814.

QUESTIONS

4. Montrez l'intervention directe de l'auteur pour juger son personnage (ligne 59). Laisse-t-il transparaître sa sympathie? Quel est l'intérêt du point de vue dramatique et psychologique de l'arrivée de Mᵐᵉ Derville à Vergy?

reux, libre, et même quelque chose de plus, roi de la maison, conduisait les deux amies, et jouissait de leur admiration pour ces aspects sublimes. **(5)**

« C'est pour moi comme de la musique de Mozart », disait Mme Derville.

La jalousie de ses frères, la présence d'un père despote et rempli d'humeur avaient gâté aux yeux de Julien les campagnes des environs de Verrières. A Vergy, il ne trouvait point de ces souvenirs amers; pour la première fois de sa vie, il ne voyait point d'ennemi. Quand M. de Rênal était à la ville, ce qui arrivait souvent, il osait lire; bientôt, au lieu de lire la nuit, et encore en ayant soin de cacher sa lampe au fond d'un vase à fleurs renversé, il put se livrer au sommeil; le jour, dans l'intervalle des leçons des enfants, il venait dans ces rochers avec le livre, unique règle de sa conduite et objet de ses transports. Il y trouvait à la fois bonheur, extase et consolation dans les moments de découragement.

Certaines choses que Napoléon dit des femmes, plusieurs discussions sur le mérite des romans à la mode sous son règne lui donnèrent alors, pour la première fois, quelques idées que tout autre jeune homme de son âge aurait eues depuis longtemps. **(6)**

Les grandes chaleurs arrivèrent. On prit l'habitude de passer les soirées sous un immense tilleul à quelques pas de la maison. L'obscurité y était profonde. Un soir, Julien parlait avec action, il jouissait avec délices du plaisir de bien parler et à des femmes jeunes; en gesticulant, il toucha la main de Mme de Rênal qui était appuyée sur le dos d'une de ces chaises de bois peint que l'on place dans les jardins.

───── **QUESTIONS** ─────

5. Expliquez le mot de Mme Derville, qui trouve, en arrivant, *sa cousine beaucoup moins gaie et beaucoup plus heureuse.* — Comment l'atmosphère de bonheur où il vit a-t-elle également transformé le caractère et la conduite de Julien? En quoi consiste le plaisir nouveau qu'il éprouve? Montrez également l'influence de la nature sur le personnage de Julien? Lorsque Stendhal veut donner l'idée du bonheur parfait, il met des êtres selon son cœur dans un cadre selon son cœur. Rapprochez cet art de celui de Rousseau, dont il est nourri comme son héros Julien.

6. A-t-on l'impression que Julien commence à Vergy une vie nouvelle? Pourquoi? Lequel de nos deux héros a vu clair le plus tôt dans ses sentiments? Quel est ce livre *unique règle de sa conduite?* Qu'est-ce qui va éclairer Julien sur sa situation? Julien n'est-il pas lui aussi une âme naïve?

Le monde des intrigues et des salons, le seul champ
Aquarelle d'Eugène Lami,

de bataille offert aux jeunes ambitieux de 1830.
musée du Louvre.

Cette main se retira bien vite; mais Julien pensa qu'il était de son *devoir* d'obtenir que l'on ne retirât pas cette main quand il la touchait. L'idée d'un devoir à accomplir, et d'un ridicule ou plutôt d'un sentiment d'infériorité à encourir si l'on n'y parvenait pas, éloigna sur-le-champ tout plaisir de son cœur. (7) (8)

CHAPITRE IX

UNE SOIRÉE A LA CAMPAGNE

La Didon de M. Guérin, esquisse charmante.
STROMBECK.

Ses regards le lendemain, quand il revit Mme de Rênal, étaient singuliers; il l'observait comme un ennemi avec lequel il va falloir se battre. Ces regards, si différents de ceux de la veille, firent perdre la tête à Mme de Rênal : elle avait été bonne pour lui, et il paraissait fâché. Elle ne pouvait détacher ses regards des siens.

La présence de Mme Derville permettait à Julien de moins parler et de s'occuper davantage de ce qu'il avait dans la tête. Son unique affaire, toute cette journée, fut de se fortifier par la lecture du livre inspiré qui retrempait son âme.

Il abrégea beaucoup les leçons des enfants, et ensuite, quand la présence de Mme de Rênal vint le rappeler tout à fait aux soins de sa gloire, il décida qu'il fallait absolument qu'elle permît ce soir-là que sa main restât dans la sienne. (1)

───────── **QUESTIONS** ─────────

7. Un concours de circonstances favorables entoure nos deux héros : avec quelle sobriété mais quelle sûreté Stendhal a-t-il évoqué le cadre et l'atmosphère de la scène? — Un terme s'appliquant à Julien montre bien que l'auteur ne se départit pas d'une certaine ironie, donc d'un détachement à l'égard de son personnage. Quel est ce terme? Encore une fois, quels sont les mobiles de Julien lorsqu'il veut obtenir que Mme de Rênal ne retire pas sa main? Pourquoi Stendhal emploie-t-il le mot *devoir?*

8. SUR L'ENSEMBLE DU CHAPITRE VIII. — Comment dans le chapitre VIII l'auteur a-t-il montré la maturation des sentiments de nos deux héros? — Ce chapitre présente-t-il aussi un intérêt dramatique? Étudiez dans tout le chapitre les éléments de ce bonheur pur et sans nuages que Julien n'appréciera à sa juste valeur que dans la solitude de sa prison. (Voir livre II, chapitre XLV : *autrefois quand j'aurais pu être si heureux pendant nos promenades dans le bois de Vergy une ambition fougueuse entraînait mon âme vers des pays imaginaires.*)

Question 1, v. p. 61.

Le soleil en baissant, et rapprochant le moment décisif, fit battre le cœur de Julien d'une façon singulière. La nuit vint. Il observa, avec une joie qui lui ôta un poids immense de dessus la poitrine, qu'elle serait fort obscure. Le ciel chargé de gros nuages, promenés par un vent très chaud, semblait annoncer une tempête. Les deux amies se promenèrent fort tard. Tout ce qu'elles faisaient ce soir-là semblait singulier à Julien. Elles jouissaient de ce temps, qui, pour certaines âmes délicates, semble augmenter le plaisir d'aimer.

On s'assit enfin, Mᵐᵉ de Rênal à côté de Julien, et Mᵐᵉ Derville près de son amie. Préoccupé de ce qu'il allait tenter, Julien ne trouvait rien à dire. La conversation languissait. (2)

« Serai-je aussi tremblant, et malheureux au premier duel qui me viendra ? » se dit Julien, car il avait trop de méfiance et de lui et des autres, pour ne pas voir l'état de son âme. (3)

Dans sa mortelle angoisse, tous les dangers lui eussent semblé préférables. Que de fois ne désira-t-il pas voir survenir à Mᵐᵉ de Rênal quelque affaire qui l'obligeât de rentrer à la maison et de quitter le jardin ! La violence que Julien était obligé de se faire était trop forte pour que sa voix ne fût pas profondément altérée ; bientôt la voix de Mᵐᵉ de Rênal devint tremblante aussi, mais Julien ne s'en aperçut point. L'affreux combat que le devoir livrait à la timidité était trop pénible pour qu'il fût en état de rien observer hors de lui-même. Neuf heures trois quarts venaient de sonner à l'horloge du château, sans qu'il eût encore rien osé. Julien, indigné de sa lâcheté, se dit : « Au moment précis où dix heures sonneront, j'exécuterai ce que, pendant toute la journée, je me suis promis de faire ce soir, ou je monterai chez moi me brûler la cervelle. »

Après un dernier moment d'attente et d'anxiété, pendant lequel l'excès de l'émotion mettait Julien comme hors de lui, dix heures sonnèrent à l'horloge qui était au-dessus de

---
QUESTIONS

1. Julien, tout imprégné de ses lectures de Napoléon, traduit toujours l'amour en termes militaires. Relevez-les ici. Quelle bataille va-t-il engager ce jour-là ? Que représente pour lui la conquête de Mᵐᵉ de Rênal ? — Quelles sont les expressions du texte qui nous prouvent bien que Julien ne cède pas à une inclination, mais obéit à une ligne de conduite qu'il s'est fixée ?

2. Peut-on rapprocher Julien de don Juan dans ce passage ? Quelle est l'importance de l'adjectif *singulier*, appliqué trois fois à Julien au cours de ce morceau ?

3. Quel trait dénonce la timidité de Julien ? — Ressemble-t-il à Stendhal ?

sa tête. Chaque coup de cette cloche fatale retentissait dans sa poitrine, et y causait comme un mouvement physique. **(4)**

Enfin, comme le dernier coup de dix heures retentissait encore il étendit la main et prit celle de Mme de Rênal, qui la retira aussitôt. Julien, sans trop savoir ce qu'il faisait, la saisit de nouveau. Quoique bien ému lui-même, il fut frappé de la froideur glaciale de la main qu'il prenait; il la serrait avec une force convulsive; on fit un dernier effort pour la lui ôter, mais enfin cette main lui resta.

Son âme fut inondée de bonheur, non qu'il aimât Mme de Rênal, mais un affreux supplice venait de cesser. Pour que Mme Derville ne s'aperçût de rien, il se crut obligé de parler; sa voix alors était éclatante et forte. Celle de Mme de Rênal, au contraire, trahissait tant d'émotion, que son amie la crut malade et lui proposa de rentrer. Julien sentit le danger : « Si Mme de Rênal rentre au salon, je vais retomber dans la position affreuse où j'ai passé la journée. J'ai tenu cette main trop peu de temps pour que cela compte comme un avantage qui m'est acquis. »

Au moment où Mme Derville renouvelait la proposition de rentrer au salon, Julien serra fortement la main qu'on lui abandonnait. **(5)**

Mme de Rênal, qui se levait déjà, se rassit, en disant, d'une voix mourante :

« Je me sens, à la vérité, un peu malade, mais le grand air me fait du bien. »

Ces mots confirmèrent le bonheur de Julien, qui, dans ce moment, était extrême : il parla, il oublia de feindre, il parut l'homme le plus aimable aux deux amies qui l'écoutaient. Cependant il y avait encore un peu de manque de courage dans cette éloquence qui lui arrivait tout à coup. Il craignait

---

QUESTIONS

4. Comment l'étrange conduite de Julien semble-t-elle à Mme de Rênal une manifestation de la passion? — Dans tout le passage, l'auteur a pris soin de nous montrer que Julien n'agit que pour obéir au *devoir* qu'il s'est fixé. Sa conduite est-elle froide et raisonnée ou quand même empreinte d'une certaine exaltation ou d'une certaine émotion?

5. Julien s'est-il aperçu des sentiments de Mme de Rênal à son égard? — Quel est le premier motif de la « cristallisation » de Julien? — Relevez toutes les notations physiques et affectives de l'exaltation de notre héros. — En quoi l'ivresse de sa conquête le rend-il incapable de songer aux sentiments ou aux émotions de son *adversaire?*

mortellement que Mme Derville, fatiguée du vent qui commençait à s'élever et qui précédait la tempête, ne voulût rentrer
80 seule au salon. Alors il serait resté en tête à tête avec Mme de Rênal. Il avait eu presque par hasard le courage aveugle qui suffit pour agir; mais il sentait qu'il était hors de sa puissance de dire le mot le plus simple à Mme de Rênal. Quelque légers que fussent ses reproches, il allait être battu, et l'avantage
85 qu'il venait d'obtenir anéanti. (6)

Heureusement pour lui, ce soir-là, ses discours touchants et emphatiques trouvèrent grâce devant Mme Derville, qui très souvent le trouvait gauche comme un enfant, et peu amusant. Pour Mme de Rênal, la main dans celle de Julien, elle
90 ne pensait à rien; elle se laissait vivre. Les heures qu'on passa sous ce grand tilleul, que la tradition du pays dit planté par Charles le Téméraire, furent pour elle une époque de bonheur. Elle écoutait avec délices les gémissements du vent dans l'épais feuillage du tilleul, et le bruit de quelques gouttes rares qui
95 commençaient à tomber sur ses feuilles les plus basses. Julien ne remarqua pas une circonstance qui l'eût bien rassuré; Mme de Rênal, qui avait été obligée de lui ôter sa main, parce qu'elle se leva pour aider sa cousine à relever un vase de fleurs que le vent venait de renverser à leurs pieds, fut à peine assise
100 de nouveau, qu'elle lui rendit sa main presque sans difficulté, et comme si déjà c'eût été entre eux une chose convenue. (7)

Minuit était sonné depuis longtemps; il fallut enfin quitter le jardin : on se sépara. Mme de Rênal, transportée du bonheur d'aimer, était tellement ignorante, qu'elle ne se faisait presque
105 aucun reproche. Le bonheur lui ôtait le sommeil. Un sommeil de plomb s'empara de Julien, mortellement fatigué des combats

---

— QUESTIONS —

6. Analysez les divers sentiments qui entrent dans le bonheur de Julien, qui à ce moment-là est *extrême* (ligne 74). Cette scène comporte un troisième personnage qui assiste à ces manœuvres sans pouvoir en être témoin. La présence de Mme Derville n'a-t-elle pas, en dépit des apparences, aidé notre héros? Pourquoi? Relevez les fines notations psychologiques qui font traduire, par l'auteur, l'émotion des deux héros, uniquement par des nuances de ton et d'expression.

7. Comment, alors que la conduite de Julien est placée sous le signe d'une ardente énergie, par contraste le bonheur de Mme de Rênal est-il une heureuse passivité? Relevez les termes qui opposent les sentiments de nos deux héros. Étudiez chez l'un et l'autre personnage les sentiments bien différents de la fuite de l'instant : pour Julien, dont l'âme est sans cesse tournée vers l'avenir, pour Mme de Rênal, tout entière absorbée par la minute présente.

que toute la journée la timidité et l'orgueil s'étaient livrés dans son cœur. **(8)**

Le lendemain on le réveilla à cinq heures; et, ce qui eût été cruel pour Mme de Rênal si elle l'eût su, à peine lui donnat-il une pensée. Il avait fait *son devoir, et un devoir héroïque*. Rempli de bonheur par ce sentiment, il s'enferma à clef dans sa chambre, et se livra avec un plaisir tout nouveau à la lecture des exploits de son héros.

Quand la cloche du déjeuner se fit entendre, il avait oublié, en lisant les bulletins de la grande armée, tous ses avantages de la veille. Il se dit, d'un ton léger, en descendant au salon : « Il faut dire à cette femme que je l'aime. » **(9)**

Au lieu de ces regards chargés de volupté, qu'il s'attendait à rencontrer, il trouva la figure sévère de M. de Rênal, qui, arrivé depuis deux heures de Verrières, ne cachait point son mécontentement de ce que Julien passait toute la matinée sans s'occuper des enfants. Rien n'était laid comme cet homme important, ayant de l'humeur et croyant pouvoir la montrer. **(10)**

Chaque mot aigre de son mari perçait le cœur de Mme de Rênal. Quant à Julien, il était tellement plongé dans l'extase, encore si occupé des grandes choses qui, pendant plusieurs heures, venaient de passer devant ses yeux, qu'à peine d'abord put-il rabaisser son attention jusqu'à écouter les propos durs que lui adressait M. de Rênal. Il lui dit enfin, assez brusquement :

« J'étais malade. »

Le ton de cette réponse eût piqué un homme beaucoup moins susceptible que le maire de Verrières, il eut quelque

──────── **QUESTIONS** ────────

8. Une fois séparés à la fin de cette mémorable soirée, nos deux héros continuent de s'opposer par leurs réactions. Que veut prouver l'auteur en le notant?

9. En quoi consiste, pour Julien, un *devoir héroïque*? — Sa conduite vous paraît-elle sympathique ou antipathique? Justifiez votre appréciation. — Faites une remarque sur une expression familière à notre héros lorsqu'il se donne une ligne de conduite : *Il faut dire à cette femme que je l'aime.* (Rapprochez livre premier, chapitre v : *Il faut être prêtre.*) Que traduit-elle?

10. Comment, après une scène d'exaltation, Stendhal ménage-t-il une brusque retombée dans la réalité (voir chapitre vi)? Quel effet produit-il? Pourquoi chaque fois le personnage de M. de Rênal concrétise-t-il une vulgaire réalité? — Quelle autre dimension de cette histoire le personnage de M. de Rênal vient-il rappeler? — Pour quelles raisons diverses Stendhal a-t-il accablé ce personnage de toutes sortes de laideurs physiques et morales?

idée de répondre à Julien en le chassant à l'instant. Il ne fut retenu que par la maxime qu'il s'était faite de ne jamais trop se hâter en affaires.

« Ce jeune sot, se dit-il bientôt, s'est fait une sorte de réputation dans ma maison, le Valenod peut le prendre chez lui, ou bien il épousera Elisa, et dans les deux cas, au fond du cœur, il pourra se moquer de moi. » **(11)**

Malgré la sagesse de ses réflexions, le mécontentement de M. de Rênal n'en éclata pas moins par une suite de mots grossiers qui peu à peu irritèrent Julien. Mme de Rênal était sur le point de fondre en larmes. A peine le déjeuner fut-il fini, qu'elle demanda à Julien de lui donner le bras pour la promenade, elle s'appuyait sur lui avec amitié. A tout ce que Mme de Rênal lui disait, Julien ne pouvait que répondre à demi-voix :

« *Voilà bien les gens riches!* » **(12)**

M. de Rênal marchait tout près d'eux; sa présence augmentait la colère de Julien. Il s'aperçut tout à coup que Mme de Rênal s'appuyait sur son bras d'une façon marquée; ce mouvement lui fit horreur, il la repoussa avec violence et dégagea son bras.

Heureusement M. de Rênal ne vit point cette nouvelle impertinence, elle ne fut remarquée que de Mme Derville; son amie fondait en larmes. En ce moment M. de Rênal se mit à poursuivre à coups de pierres une petite paysanne qui avait pris un sentier abusif, et traversait un coin du verger.

« Monsieur Julien, de grâce, modérez-vous; songez que nous avons tous des moments d'humeur », dit rapidement Mme Derville.

Julien la regarda froidement avec des yeux où se peignait le plus souverain mépris.

Ce regard étonna Mme Derville, et l'eût surprise bien davantage si elle en eût deviné la véritable expression; elle y eût lu comme un espoir vague de la plus atroce vengeance. Ce sont

---

QUESTIONS

11. Pouvez-vous, cependant, trouver quelque moyen de justifier ce personnage? Montrez que son raisonnement ici encore est dicté par la plus mesquine vanité et le désir de paraître aux yeux de Verrières. (Voir livre premier, chapitre premier.)

12. Comment Mme de Rênal réagit-elle? Soulignez les transformations profondes du personnage. Expliquez les différentes réactions de Julien. Comment jugez-vous sa conduite?

sans doute de tels moments d'humiliation qui ont fait les Robespierre. **(13)**

« Votre Julien est bien violent, il m'effraie, dit tout bas Mme Derville à son amie.

— Il a raison d'être en colère, lui répondit celle-ci. Après les progrès étonnants qu'il a fait faire aux enfants, qu'importe qu'il passe une matinée sans leur parler; il faut convenir que les hommes sont bien durs. »

Pour la première fois de sa vie, Mme de Rênal sentit une sorte de désir de vengeance contre son mari. La haine extrême qui animait Julien contre les riches allait éclater. Heureusement M. de Rênal appela son jardinier, et resta occupé avec lui à barrer, avec des fagots d'épines, le sentier abusif à travers le verger. Julien ne répondit pas un seul mot aux prévenances dont pendant tout le reste de la promenade il fut l'objet. A peine M. de Rênal s'était-il éloigné, que les deux amies, se prétendant fatiguées, lui avaient demandé chacune un bras.

Entre ces deux femmes dont un trouble extrême couvrait les joues de rougeur et d'embarras, la pâleur hautaine, l'air sombre et décidé de Julien formait un étrange contraste. Il méprisait ces femmes, et tous les sentiments tendres. **(14)**

« Quoi! se disait-il, pas même cinq cents francs de rente pour terminer mes études! Ah! comme je l'enverrais promener! »

Absorbé par ces idées sévères, le peu qu'il daignait comprendre des mots obligeants des deux amies lui déplaisait comme vide de sens, niais, faible, en un mot *féminin*.

A force de parler pour parler, et de chercher à maintenir la conversation vivante, il arriva à Mme de Rênal de dire que son mari était venu de Verrières parce qu'il avait fait marché, pour de la paille de maïs, avec un de ses fermiers. (Dans ce

──────── **QUESTIONS** ────────

13. Qu'est-ce qui inspire ainsi la colère de Julien? — Pourquoi Stendhal a-t-il choisi de ne pas nous le montrer comme un séducteur satisfait de ses derniers avantages? Que prouve ce trait du caractère de notre héros? Cette attitude nous le rend-elle sympathique ou antipathique? Est-ce vraiment par impertinence qu'il repousse Mme de Rênal? — Comment celle-ci interprète-t-elle le comportement de Julien? — Pourquoi Julien se sent-il *humilié et offensé* tout au long de cette scène? — Pourquoi l'auteur se livre-t-il à un bref rappel historique et social?

14. En quoi l'obligation de dissimuler rend-elle plus violents les sentiments de colère de Julien? — Est-il du rôle du parfait hypocrite de ne pas savoir dissimuler jusqu'à ses regards? — Comment Mme de Rênal justifie-t-elle Julien? Pourquoi le justifie-t-elle ainsi?

pays, c'est avec de la paille de maïs que l'on remplit les paillasses des lits.)

« Mon mari ne nous rejoindra pas, ajouta Mme de Rênal; avec le jardinier et son valet de chambre, il va s'occuper d'achever le renouvellement des paillasses de la maison. Ce matin il a mis de la paille de maïs dans tous les lits du premier étage, maintenant il est au second. »

Julien changea de couleur; il regarda Mme de Rênal d'un air singulier, et bientôt la prit à part en quelque sorte en doublant le pas. Mme Derville les laissa s'éloigner. **(15)**

« Sauvez-moi la vie, dit Julien à Mme de Rênal, vous seule le pouvez; car vous savez que le valet de chambre me hait à mort. Je dois vous avouer, Madame, que j'ai un portrait; je l'ai caché dans la paillasse de mon lit. »

A ce mot, Mme de Rênal devint pâle à son tour.

« Vous seule, Madame, pouvez dans ce moment entrer dans ma chambre; fouillez, sans qu'il y paraisse, dans l'angle de la paillasse qui est le plus rapproché de la fenêtre, vous y trouverez une petite boîte de carton noir et lisse.

— Elle renferme un portrait! » dit Mme de Rênal pouvant à peine se tenir debout.

Son air de découragement fut aperçu de Julien, qui aussitôt en profita.

« J'ai une seconde grâce à vous demander, Madame, je vous supplie de ne pas regarder ce portrait, c'est mon secret.

— C'est un secret », répéta Mme de Rênal d'une voix éteinte.

Mais, quoique élevée parmi des gens fiers de leur fortune, et sensibles au seul intérêt d'argent, l'amour avait déjà mis de la générosité dans cette âme. Cruellement blessée, ce fut avec l'air du dévouement le plus simple que Mme de Rênal fit à Julien les questions nécessaires pour pouvoir bien s'acquitter de sa commission. **(16)**

QUESTIONS
---

15. Montrez que son orgueil et son ambition destinent Julien à être solitaire et malheureux et à ne jamais goûter le moment présent. — Soulignez le côté égocentrique du personnage. Stendhal a-t-il forgé pour lui le terme d'« égotisme »? — Dans quelle mesure Julien peut-il difficilement sympathiser avec autrui et demeurer prisonnier de son moi? Quel est le petit fait qui le rend brusquement aux sentiments de la réalité présente?

16. Pourquoi n'hésite-t-il pas à se servir immédiatement de Mme de Rênal comme de l'instrument nécessaire pour le tirer d'un mauvais pas? Comment celle-ci interprète-t-elle sa demande? — Faites une remarque sur l'expression suivante (ligne 219) : *Julien [...] aussitôt en profita.*

« Ainsi, lui dit-elle en s'éloignant, une petite boîte ronde, de carton noir, bien lisse.

— Oui, Madame », répondit Julien de cet air dur que le danger donne aux hommes.

Elle monta au second étage du château, pâle comme si elle fût allée à la mort. Pour comble de misère, elle sentit qu'elle était sur le point de se trouver mal; mais la nécessité de rendre service à Julien lui rendit des forces.

« Il faut que j'aie cette boîte », se dit-elle en doublant le pas.

Elle entendit son mari parler au valet de chambre, dans la chambre même de Julien. Heureusement, ils passèrent dans celle des enfants. Elle souleva le matelas et plongea la main dans la paillasse avec une telle violence qu'elle s'écorcha les doigts. Mais quoique fort sensible aux petites douleurs de ce genre, elle n'eut pas la conscience de celle-ci, car presque en même temps, elle sentit le poli de la boîte de carton. Elle la saisit et disparut. (17)

A peine fut-elle délivrée de la crainte d'être surprise par son mari, que l'horreur que lui causait cette boîte fut sur le point de la faire décidément se trouver mal.

« Julien est donc amoureux, et je tiens là le portrait de la femme qu'il aime! » (18)

Assise sur une chaise dans l'antichambre de cet appartement, Mme de Rênal était en proie à toutes les horreurs de la jalousie. Son extrême ignorance lui fut encore utile en ce moment, l'étonnement tempérait la douleur. Julien parut, saisit la boîte, sans remercier, sans rien dire, et courut dans sa chambre où il fit du feu, et la brûla à l'instant. Il était pâle, anéanti, il s'exagérait l'étendue du danger qu'il venait de courir. (19)

« Le portrait de Napoléon, se disait-il en hochant la tête, trouvé caché chez un homme qui fait profession d'une telle

──────── QUESTIONS ────────

17. Julien s'est-il aperçu, par cette obéissance passive, de la puissance qu'il avait sur l'âme de Mme de Rênal? Montrez qu'au cours de cet incident Mme de Rênal est déjà si bien dominée par la passion qu'elle semble avoir emprunté l'énergie et même le passé de Julien : *Il faut que j'aie cette boîte...* (ligne 238). Quel autre détail montre la force de sa détermination dans les lignes suivantes?

18. Quel nouveau sentiment, déjà éprouvé, va redoubler l'amour de Mme de Rênal et renforcer sa « cristallisation »?

19. N'est-ce pas la seconde fois au cours du roman que la puissance de la jalousie révèle avec acuité à Mme de Rênal son amour pour Julien? Étudiez l'attitude de Julien à son égard.

haine pour l'usurpateur! trouvé par M. de Rênal, tellement ultra et tellement irrité! et pour comble d'imprudence, sur le carton blanc derrière le portrait, des lignes écrites de ma main! et qui ne peuvent laisser aucun doute sur l'excès de mon admiration! et chacun de ces transports d'amour est daté! il y en a d'avant-hier.

« Toute ma réputation tombée, anéantie en un moment! se disait Julien, en voyant brûler la boîte, et ma réputation est tout mon bien, je ne vis que par elle... et encore, quelle vie, grand Dieu! » **(20)**

Une heure après, la fatigue et la pitié qu'il sentait pour lui-même le disposaient à l'attendrissement. Il rencontra Mme de Rênal et prit sa main qu'il baisa avec plus de sincérité qu'il n'avait jamais fait. Elle rougit de bonheur, et, presque au même instant, repoussa Julien avec la colère de la jalousie. La fierté de Julien, si récemment blessée, en fit un sot dans ce moment. Il ne vit en Mme de Rênal qu'une femme riche, il laissa tomber sa main avec dédain, et s'éloigna. Il alla se promener, pensif, dans le jardin; bientôt un sourire amer parut sur ses lèvres.

« Je me promène là, tranquille comme un homme maître de son temps! Je ne m'occupe pas des enfants! Je m'expose aux mots humiliants de M. de Rênal, et il aura raison. » Il courut à la chambre des enfants.

Les caresses du plus jeune, qu'il aimait beaucoup, calmèrent un peu sa cuisante douleur.

« Celui-là ne me méprise pas encore », pensa Julien. Mais bientôt il se reprocha cette diminution de douleur comme une nouvelle faiblesse. « Ces enfants me caressent comme ils caresseraient le jeune chien de chasse que l'on a acheté hier. » **(21) (22)**

QUESTIONS

20. Quels sont les seuls *transports d'amour* de Julien? — Pourquoi Stendhal prolonge-t-il cette sorte de quiproquo de sentiments entre les deux personnages? — Qu'a voulu nous montrer l'auteur lorsqu'il nous peint un ambitieux aussi passionné que Julien qui conserve encore de manière aussi enfantine le portrait d'une « idole » compromettante dans la maison du royaliste M. de Rênal?

21. Qu'est-ce qui dispose Julien à l'*attendrissement*? — Pourquoi ne peut-il percer les sentiments de Mme de Rênal? — Pourquoi se renforce l'amertume de notre héros?

22. Sur l'ensemble du chapitre IX. — Comment nous est rendue sensible chez Julien Sorel l'ignorance des réalités de la vie et des sentiments et l'exercice d'une volonté peu commune? — Y a-t-il pour Mme de Rênal une « surprise de l'amour »?

CHAPITRE X

UN GRAND CŒUR ET UNE PETITE FORTUNE

> But passion most dissembles, yet betrays,
> Even by its darkness; as the blackest sky
> Foretells the heaviest tempest.
>
> *Don Juan*, C. I, st. 73.

M. de Rênal qui suivait toutes les chambres du château, revint dans celle des enfants avec les domestiques qui rapportaient les paillasses. L'entrée soudaine de cet homme fut pour Julien la goutte d'eau qui fait déborder le vase.

Plus pâle, plus sombre qu'à l'ordinaire, il s'élança vers lui. M. de Rênal s'arrêta et regarda ses domestiques.

« Monsieur, lui dit Julien, croyez-vous qu'avec tout autre précepteur, vos enfants eussent fait les mêmes progrès qu'avec moi? Si vous répondez que non, continua Julien sans laisser à M. de Rênal le temps de parler, comment osez-vous m'adresser le reproche que je les néglige? »

M. de Rênal, à peine remis de sa peur, conclut du ton étrange qu'il voyait prendre à ce petit paysan, qu'il avait en poche quelque proposition avantageuse et qu'il allait le quitter. La colère de Julien, s'augmentant à mesure qu'il parlait :

« Je puis vivre sans vous, Monsieur, ajouta-t-il.

— Je suis vraiment fâché de vous voir si agité », répondit M. de Rênal en balbutiant un peu. Les domestiques étaient à dix pas, occupés à arranger les lits.

« Ce n'est pas ce qu'il me faut, Monsieur, reprit Julien hors de lui; songez à l'infamie des paroles que vous m'avez adressées, et devant des femmes encore! »

M. de Rênal ne comprenait que trop ce que demandait Julien, et un pénible combat déchirait son âme. Il arriva que Julien, effectivement fou de colère, s'écria :

« Je sais où aller, Monsieur, en sortant de chez vous. » **(1)**

A ce mot, M. de Rênal vit Julien installé chez M. Valenod.

« Eh bien! Monsieur, lui dit-il enfin avec un soupir et de

QUESTIONS

1. Étudiez dans cette scène l'exaspération croissante de Julien. Analysez l'assurance que Julien a prise depuis qu'il est dans la maison. Pourquoi s'adresse-t-il sur ce ton à M. de Rênal? Comment celui-ci interprète-t-il les affirmations de son précepteur? Julien est-il fidèle au rôle d'hypocrite qu'il s'était imposé?

UN GRAND CŒUR ET UNE PETITE FORTUNE — 71

l'air dont il eût appelé le chirurgien pour l'opération la plus
30 douloureuse, j'accède à votre demande. A compter d'après-
demain, qui est le premier du mois, je vous donne cinquante
francs par mois. »

Julien eut envie de rire et resta stupéfait : toute sa colère
avait disparu. **(2)**

35 « Je ne méprisais pas assez l'animal, se dit-il. Voilà sans
doute la plus grande excuse que puisse faire une âme aussi
basse. »

Les enfants qui écoutaient cette scène bouche béante, cou-
rurent au jardin dire à leur mère que M. Julien était bien en
40 colère, mais qu'il allait avoir cinquante francs par mois.

Julien les suivit par habitude, sans même regarder M. de
Rênal, qu'il laissa profondément irrité.

« Voilà cent soixante-huit francs, se disait le maire, que me
coûte M. Valenod. Il faut absolument que je lui dise deux mots
45 fermes sur son entreprise des fournitures pour les enfants
trouvés. » **(3)**

Un instant après, Julien se retrouva vis-à-vis de M. de Rênal :
« J'ai à parler de ma conscience à M. Chélan ; j'ai l'honneur
de vous prévenir que je serai absent quelques heures.
50 — Eh, mon cher Julien ! dit M. de Rênal, en riant de l'air
le plus faux, toute la journée, si vous voulez, toute celle de
demain, mon bon ami. Prenez le cheval du jardinier pour aller
à Verrières. »

« Le voilà, se dit M. de Rênal, qui va rendre réponse à
55 Valenod, il ne m'a rien promis, mais il faut laisser se refroidir
cette tête de jeune homme. »

Julien s'échappa rapidement et monta dans les grands bois
par lesquels on peut aller de Vergy à Verrières. Il ne voulait
point arriver sitôt chez M. Chélan. Loin de désirer s'astreindre
60 à une nouvelle scène d'hypocrisie, il avait besoin d'y voir
clair dans son âme, et de donner audience à la foule de sentiments qui l'agitaient.

QUESTIONS
---

2. Comment l'« idée fixe » forgée par la vanité de M. de Rênal va-t-elle
dicter sa conduite au maire de Verrières? Pourquoi, tout d'un coup,
la colère de Julien est-elle tombée? Stendhal ne s'identifie-t-il pas à son
personnage lorsqu'il écrit : *Julien eut envie de rire et resta stupéfait?*

3. Dans cette scène, le mépris de Julien pour M. de Rênal est-il justifié? Étudiez l'attitude de M. de Rênal.

« J'ai gagné une bataille, se dit-il aussitôt qu'il se vit dans les bois et loin du regard des hommes, j'ai donc gagné une bataille ! » **(4)**

Ce mot lui peignait en beau toute sa position, et rendit à son âme quelque tranquillité.

« Me voilà avec cinquante francs d'appointements par mois, il faut que M. de Rênal ait eu une belle peur. Mais de quoi ? » **(5)**

Cette méditation sur ce qui avait pu faire peur à l'homme heureux et puissant contre lequel une heure auparavant il était bouillant de colère acheva de rasséréner l'âme de Julien. Il fut presque sensible un moment à la beauté ravissante des bois au milieu desquels il marchait. D'énormes quartiers de roches nues étaient tombés jadis au milieu de la forêt du côté de la montagne. De grands hêtres s'élevaient presque aussi haut que ces rochers dont l'ombre donnait une fraîcheur délicieuse à trois pas des endroits où la chaleur des rayons du soleil eût rendu impossible de s'arrêter. **(6)**

Julien prenait haleine un instant à l'ombre de ces grandes roches, et puis se remettait à monter. Bientôt par un étroit sentier à peine marqué et qui sert seulement aux gardiens des chèvres, il se trouva debout sur un roc immense et bien sûr d'être séparé de tous les hommes. Cette position physique le fit sourire, elle lui peignait la position qu'il brûlait d'atteindre au moral. L'air pur de ces montagnes élevées communiqua la sérénité et même la joie à son âme. Le maire de Verrières était bien toujours, à ses yeux, le représentant de tous les riches et de tous les insolents de la terre ; mais Julien sentait que la haine qui venait de l'agiter, malgré la violence de ses mouvements, n'avait rien de personnel. S'il eût cessé de voir M. de

---

QUESTIONS

4. Julien rentre dans son rôle de Tartuffe et suit les grands modèles. M. de Rênal ne sera jamais que le jouet de petits calculs à la mesure de son personnage. Montrez-le dans ce passage précis. Chaque fois qu'il vient d'obtenir un avantage, Julien se ménage quelques moments de retraite. Étudiez la signification psychologique de cette habitude. Julien a-t-il vraiment gagné une bataille ?

5. Julien a percé à jour les sentiments de M. de Rênal. A-t-il compris les mobiles de son acte ? Justifiez votre réponse. S'il avait pu comprendre les raisonnements de M. de Rênal, Julien aurait-il été plus ou moins heureux de sa victoire ?

6. Analysez l'accord et la sincérité de Julien avec la nature qui l'entoure et soulignez l'influence de la solitude sur son âme. En quels termes classiques l'auteur a-t-il exprimé ses sentiments ?

Rênal, en huit jours il l'eût oublié, lui, son château, ses chiens, ses enfants et toute sa famille. « Je l'ai forcé, je ne sais comment, à faire le plus grand sacrifice. Quoi! plus de cinquante écus
95 par an! un instant auparavant je m'étais tiré du plus grand danger. Voilà deux victoires en un jour; la seconde est sans mérite, il faudrait en deviner le comment. Mais à demain les pénibles recherches. » (7)

Julien, debout, sur son grand rocher, regardait le ciel
100 embrasé par un soleil d'août. Les cigales chantaient dans le champ au-dessous du rocher, quand elles se taisaient tout était silence autour de lui. Il voyait à ses pieds vingt lieues de pays. Quelque épervier parti des grandes roches au-dessus de sa tête était aperçu par lui, de temps à autre, décrivant en
105 silence ses cercles immenses. L'œil de Julien suivait machinalement l'oiseau de proie. Ses mouvements tranquilles et puissants le frappaient, il enviait cette force, il enviait cet isolement.

C'était la destinée de Napoléon, serait-ce un jour la sienne? (8) (9)

RÉSUMÉ DU CHAPITRE XI

De retour à Vergy, Julien pousse encore ses avantages auprès de Mme de Rênal et croit de son devoir de couvrir de baisers passionnés les mains que l'on ne songe plus à lui retirer dans l'obscurité du jardin, et en présence de M. de Rênal, dont Julien pense ainsi tirer vengeance. Mais, en même temps que Julien savoure le plaisir

—— QUESTIONS ——

7. Par une coutume qui se dessine à la fin de ce chapitre, Stendhal accorde toujours l'exaltation des sentiments avec une situation élevée au sens matériel du mot. Montrez-le dans ce passage. Comment notre héros éprouve-t-il une jouissance physique et morale de son isolement?

8. L'agrandissement du tableau final. Quelle est sa valeur symbolique? Étudiez le style particulier de ce passage : comment par l'ampleur obtenue sans périodes ressent-on un effet d'immensité? Quelle est la valeur précise du démonstratif répété à l'avant-dernière phrase?

9. SUR L'ENSEMBLE DU CHAPITRE X. — Relevez tous les éléments qui, dans le cadre du roman, la situation des passages, leur caractère, révèlent l'influence de Rousseau sur Stendhal et sur Julien Sorel. — Rapprochez la situation de Julien sur son rocher et celle de Fabrice del Dongo dans le clocher de Grianta (*la Chartreuse de Parme*, chap. IX). — Comment, dans la construction de son roman, l'auteur ménage-t-il une sorte de palier de réflexion pour son héros et pour le lecteur, chaque fois que Julien franchit une étape de son progrès dans le monde? — Étudiez les tons différents employés par l'auteur dans ce chapitre très court depuis la comédie bourgeoise du début jusqu'à l'envolée lyrique finale.

de bafouer son méprisant protecteur, Mme de Rênal connaît les premiers tourments du remords. Elle se rend compte alors pour la première fois qu'elle s'engage dans la voie de l'adultère, et ce mot lui fait voir avec horreur sa situation. Elle semble même en éprouver une sorte de « demi-folie » et elle délire de jalousie en présence de sa femme de chambre Élisa et n'arrive que difficilement à se dominer. C'est dans cet état de trouble que Julien la trouve en prenant congé d'elle pour une courte absence.

CHAPITRE XII

UN VOYAGE

> On trouve à Paris des gens élégants, il peut y avoir en province des gens à caractère.
> SIEYÈS.

Le lendemain, dès cinq heures, avant que Mme de Rênal fût visible, Julien avait obtenu de son mari un congé de trois jours. Contre son attente, Julien se trouva le désir de la revoir, il songeait à sa main si jolie. Il descendit au jardin, Mme de
5 Rênal se fit longtemps attendre. Mais si Julien l'eût aimée, il l'eût aperçue derrière les persiennes à demi fermées du premier étage, le front appuyé contre la vitre. Elle le regardait. Enfin, malgré ses résolutions, elle se détermina à paraître au jardin. Sa pâleur habituelle avait fait place aux plus vives
10 couleurs. Cette femme si naïve était évidemment agitée : un sentiment de contrainte et même de colère altérait cette expression de sérénité profonde et comme au-dessus de tous les vulgaires intérêts de la vie, qui donnait tant de charmes à cette figure céleste. **(1)**
15 Julien s'approcha d'elle avec empressement ; il admirait ces bras si beaux qu'un châle jeté à la hâte laissait apercevoir. La fraîcheur de l'air du matin semblait augmenter encore l'éclat d'un teint que l'agitation de la nuit ne rendait que plus sensible à toutes les impressions. Cette beauté modeste
20 et touchante, et cependant pleine de pensées que l'on ne trouve point dans les classes inférieures, semblait révéler à

QUESTIONS

1. Dans ce début de chapitre, l'auteur indique discrètement que Julien devient sensible aux grâces charmantes de celle qu'il se fait un devoir de conquérir. Relevez les expressions qui le prouvent. Soulignez dans les deux personnages en présence la différence d'attitude entre le désir naissant de l'un et la passion déjà puissante de l'autre.

Julien une faculté de son âme qu'il n'avait jamais sentie. Tout entier à l'admiration des charmes que surprenait son regard avide, Julien ne songeait nullement à l'accueil amical qu'il s'attendait à recevoir. Il fut d'autant plus étonné de la froideur glaciale qu'on cherchait à lui montrer, et à travers laquelle il crut même distinguer l'intention de le remettre à sa place. (2)

Le sourire du plaisir expira sur ses lèvres : il se souvint du rang qu'il occupait dans la société, et surtout aux yeux d'une noble et riche héritière. En un moment il n'y eut plus sur sa physionomie que de la hauteur et de la colère contre lui-même. Il éprouvait un violent dépit d'avoir pu retarder son départ de plus d'une heure pour recevoir un accueil aussi humiliant.

« Il n'y a qu'un sot, se dit-il, qui soit en colère contre les autres : une pierre tombe parce qu'elle est pesante. Serai-je toujours un enfant? quand donc aurai-je contracté la bonne habitude de donner de mon âme à ces gens-là juste pour leur argent? Si je veux être estimé et d'eux et de moi-même, il faut leur montrer que c'est ma pauvreté qui est en commerce avec leur richesse, mais que mon cœur est à mille lieues de leur insolence, et placé dans une sphère trop haute pour être atteint par leurs petites marques de dédain ou de faveur. » (3)

Pendant que ces sentiments se pressaient en foule dans l'âme du jeune précepteur, sa physionomie mobile prenait l'expression de l'orgueil souffrant et de la férocité. Mme de Rênal en fut toute troublée. La froideur vertueuse qu'elle avait voulu donner à son accueil fit place à l'expression de l'intérêt, et d'un intérêt animé par toute la surprise du changement subit qu'elle venait de voir. Les paroles vaines que l'on s'adresse le matin sur la santé, sur la beauté de la journée, tarirent à la fois chez tous les deux. Julien, dont le jugement n'était troublé par aucune passion, trouva bien vite un moyen de marquer à Mme de Rênal combien peu il se croyait avec

―――― **QUESTIONS** ――――

2. Pour la première fois, Julien est attentif à la présence de Mme de Rênal. Pourquoi? Quelles sont les expressions du texte qui le traduisent?

3. Pourquoi Julien s'est-il mépris sur l'attitude de Mme de Rênal? Comment se manifeste ici l'obsession de Julien? N'est-il pas devenu victime de son idée fixe? S'il éprouve du « dépit » à la fin, est-ce seulement son amour-propre qui est touché? Analysez les reproches qu'il s'inflige à lui-même.

elle dans des rapports d'amitié ; il ne lui dit rien du petit voyage qu'il allait entreprendre, la salua et partit.

Comme elle le regardait aller, atterrée de la hauteur sombre qu'elle lisait dans ce regard si aimable la veille, son fils aîné, qui accourait du fond du jardin, lui dit en l'embrassant :

« Nous avons congé, M. Julien s'en va pour un voyage. »

A ce mot, Mme de Rênal se sentit saisie d'un froid mortel ; elle était malheureuse par sa vertu, et plus malheureuse encore par sa faiblesse. **(4)**

Ce nouvel événement vint occuper toute son imagination ; elle fut emportée bien au-delà des sages résolutions qu'elle devait à la nuit terrible qu'elle venait de passer. Il n'était plus question de résister à cet amant si aimable, mais de le perdre à jamais.

Il fallut assister au déjeuner. Pour comble de douleur, M. de Rênal et Mme Derville ne parlèrent que du départ de Julien. Le maire de Verrières avait remarqué quelque chose d'insolite dans le ton ferme avec lequel il avait demandé un congé.

« Ce petit paysan a sans doute en poche des propositions de quelqu'un. Mais ce quelqu'un, fût-ce M. Valenod, doit être un peu découragé par la somme de 600 francs, à laquelle maintenant il faut porter le déboursé annuel. Hier, à Verrières, on aura demandé un délai de trois jours pour réfléchir ; et ce matin, afin de n'être pas obligé à me donner une réponse, le petit monsieur part pour la montagne. Etre obligé de compter avec un misérable ouvrier qui fait l'insolent, voilà pourtant où nous sommes arrivés ! »

« Puisque mon mari, qui ignore combien profondément il a blessé Julien, pense qu'il nous quittera, que dois-je croire moi-même ? se dit Mme de Rênal. Ah ! tout est décidé ! » **(5)**

Afin de pouvoir du moins pleurer en liberté, et ne pas

— QUESTIONS —

4. Que traduit l'expression de physionomie de Julien à ce moment-là ? Rapprochez du chapitre IX lorsque Mme Derville dit à son amie : *Votre Julien est bien insolent, il m'effraie.* De quoi suffit-il pour ôter à Mme de Rênal le masque de la froideur ? Comment Julien, au contraire, parvient-il à se rendre maître de la situation ? Étudiez les sentiments de Mme de Rênal lorsqu'elle apprend que Julien part en voyage.

5. Cette nouvelle crainte va de nouveau « cristalliser » les sentiments de Mme de Rênal pour Julien. Pourquoi ? Comment à son tour est-elle « isolée » dans sa propre maison après le départ de Julien ? Les délicatesses de Mme de Rênal n'ont pas plus percé les raisons de l'éloignement de Julien que les calculs mesquins de son mari. Montrez-le.

Phot. Multiphoto.

« Verrières est abritée du côté du nord par une haute montagne, c'est une des branches du Jura. »

répondre aux questions de Mme Derville, elle parla d'un mal de tête affreux, et se mit au lit.

« Voilà ce que c'est que les femmes, répéta M. de Rênal, il y a toujours quelque chose de dérangé à ces machines compliquées. » Et il s'en alla goguenard. **(6)**

Pendant que Mme de Rênal était en proie à ce qu'a de plus cruel la passion terrible dans laquelle le hasard l'avait engagée, Julien poursuivait son chemin gaiement au milieu des plus beaux aspects que puissent présenter les scènes de montagnes. Il fallait traverser la grande chaîne au nord de Vergy. Le sentier qu'il suivait, s'élevant peu à peu parmi de grands bois de hêtres, forme des zigzags infinis sur la pente de la haute montagne qui dessine au nord la vallée du Doubs. Bientôt les regards du voyageur, passant par-dessus les coteaux moins élevés qui contiennent le cours du Doubs vers le midi, s'étendirent jusqu'aux plaines fertiles de la Bourgogne et du Beaujolais. Quelque insensible que l'âme de ce jeune ambitieux fût à ce genre de beauté, <u>il ne pouvait s'empêcher de s'arrêter de temps à autre pour regarder un spectacle si vaste et si imposant.</u>

Enfin il atteignit le sommet de la grande montagne, près duquel il fallait passer pour arriver, par cette route de traverse, à la vallée solitaire, qu'habitait Fouqué, le jeune marchand de bois son ami. Julien n'était point pressé de le voir, lui ni aucun autre être humain. Caché comme un oiseau de proie, au milieu des roches nues qui couronnent la grande montagne, il pouvait apercevoir de bien loin tout homme qui se serait approché de lui. Il découvrit une petite grotte au milieu de la pente presque verticale d'un des rochers. Il prit sa course, et bientôt fut établi dans cette retraite. « Ici, dit-il, avec des yeux brillants de joie, les hommes ne sauraient me faire de mal. » Il eut l'idée de se livrer au plaisir d'écrire ses pensées, partout ailleurs si dangereux pour lui. Une pierre carrée lui servait de pupitre. Sa plume volait : il ne voyait rien de ce qui l'entourait. Il remarqua enfin que le soleil se couchait derrière les montagnes éloignées du Beaujolais. **(7)**

QUESTIONS

6. La passion apprend également à Mme de Rênal l'art de dissimuler. Pourquoi? En quoi la répétition ici d'une de ses affirmations favorites rend-elle sensible le ridicule de M. de Rênal et de sa situation? Comment l'auteur a-t-il accusé ici la solitude morale de son héroïne entre l'indifférence de son mari et le détachement de Julien?

Question 7, v. p. 79.

UN VOYAGE — 79

« Pourquoi ne passerais-je pas la nuit ici? se dit-il, j'ai du pain, et *je suis libre!* » Au son de ce grand mot son âme s'exalta, son hypocrisie faisait qu'il n'était pas libre même chez Fouqué. La tête appuyée sur les deux mains, Julien resta dans cette grotte plus heureux qu'il ne l'avait été de la vie, agité par ses rêveries et par son bonheur de liberté. Sans y songer il vit s'éteindre, l'un après l'autre, tous les rayons du crépuscule. Au milieu de cette obscurité immense, son âme s'égarait dans la contemplation de ce qu'il s'imaginait rencontrer un jour à Paris. C'était d'abord une femme bien plus belle et d'un génie bien plus élevé que tout ce qu'il avait pu voir en province. Il aimait avec passion, il était aimé. S'il se séparait d'elle pour quelques instants, c'était pour aller se couvrir de gloire et mériter d'en être encore plus aimé. **(8)**

[retour prévu]

Même en lui supposant l'imagination de Julien, un jeune homme élevé au milieu des tristes vérités de la société de Paris eût été réveillé à ce point de son roman par la froide ironie; les grandes actions auraient disparu avec l'espoir d'y atteindre, pour faire place à la maxime si connue : « Quitte-t-on sa maîtresse, on risque, hélas! d'être trompé deux ou trois fois par jour. » Le jeune paysan ne voyait rien entre lui et les actions les plus héroïques, que le manque d'occasion. **(9)**

Mais une nuit profonde avait remplacé le jour, et il avait encore deux lieues à faire pour descendre au hameau habité par Fouqué. Avant de quitter la petite grotte, Julien alluma du feu et brûla avec soin tout ce qu'il avait écrit. **(10)** [méfiance envers la société]

Il étonna bien son ami en frappant à sa porte à une heure du matin. Il trouva Fouqué occupé à écrire ses comptes. C'était

---

QUESTIONS

7. Étudiez l'accord du paysage et de l'état d'âme de Julien. Que traduit le besoin de solitude de Julien? Opposez-le à Mme de Rênal dans une situation identique. Quel rapprochement pourrait-on faire ici avec le personnage de Saint-Preux dans *la Nouvelle Héloïse?* Étudiez également la parenté de l'âme de Julien et de celle de Rousseau dont le goût de la solitude se joignait à une sorte de « manie de la persécution ».

8. Que signifie exactement pour Julien *Je suis libre!* (ligne 224)? Cet être orgueilleux vous paraît-il capable d'éprouver un sincère amitié? Pourquoi? Étudiez le déroulement de « cette rêverie du promeneur solitaire ». L'auteur a-t-il voulu donner à ses songeries un caractère prémonitoire?

9. Soulignez la substitution de pensée de Stendhal à celle de son personnage. Quel est l'effet produit?

10. Pourquoi Julien prend-il cette précaution avant de quitter sa retraite?

un jeune homme de haute taille, assez mal fait, avec de grands traits durs, un nez infini, et beaucoup de bonhomie cachée sous cet aspect repoussant.

« T'es-tu donc brouillé avec ton M. de Rênal, que tu m'arrives ainsi à l'improviste? »

Julien lui raconta, mais comme il le fallait, les événements de la veille.

« Reste avec moi, lui dit Fouqué, je vois que tu connais M. de Rênal, M. Valenod, le sous-préfet Maugiron, le curé Chélan; tu as compris les finesses du caractère de ces gens-là; te voilà en état de paraître aux adjudications. Tu sais l'arithmétique mieux que moi, tu tiendras mes comptes. Je gagne gros dans mon commerce. L'impossibilité de tout faire par moi-même et la crainte de rencontrer un fripon dans l'homme que je prendrais pour associé m'empêchent tous les jours d'entreprendre d'excellentes affaires. Il n'y a pas un mois que j'ai fait gagner six mille francs à Michaud de Saint-Amand, que je n'avais pas revu depuis six ans, et que j'ai trouvé par hasard à la vente de Pontarlier. Pourquoi n'aurais-tu pas gagné, toi, ces six mille francs, ou du moins trois mille? car, si ce jour-là je t'avais eu avec moi, j'aurais mis l'enchère à cette coupe de bois, et tout le monde me l'eût bientôt laissée. Sois mon associé. » **(11)**

Cette offre donna de l'humeur à Julien, elle dérangeait sa folie. Pendant tout le souper, que les deux amis préparèrent eux-mêmes comme des héros d'Homère, car Fouqué vivait seul, il montra ses comptes à Julien, et lui prouva combien son commerce de bois présentait d'avantages. Fouqué avait la plus haute idée des lumières et du caractère de Julien. **(12)**

Quand enfin celui-ci fut seul dans sa petite chambre de bois de sapin : « Il est vrai, se dit-il, je puis gagner ici quelques mille francs, puis reprendre avec avantage le métier de soldat ou celui de prêtre, suivant la mode qui alors régnera en France. Le petit pécule que j'aurai amassé lèvera toutes les difficultés

---
QUESTIONS

11. L'art de Stendhal de brosser en quelques lignes l'esquisse pittoresque d'un personnage secondaire. Étudiez-le dans le portrait de Fouqué. — Que pensez-vous de l'offre de Fouqué? Se montre-t-il un véritable ami de Julien?

12. Le caractère même des deux hommes peut-il les disposer à éprouver vraiment une amitié exemplaire? Pourquoi l'offre dérange-t-elle Julien? Faites une remarque sur le terme *folie* employé par Stendhal à l'égard de son héros.

de détail. Solitaire dans cette montagne, j'aurai dissipé un peu l'affreuse ignorance où je suis de tant de choses qui occupent tous ces hommes de salon. Mais Fouqué renonce à se marier, il me répète que la solitude le rend malheureux. Il est évident que s'il prend un associé qui n'a pas de fonds à verser dans son commerce, c'est dans l'espoir de se faire un compagnon qui ne le quitte jamais.

« Tromperai-je mon ami? » s'écria Julien avec humeur. Cet être, dont l'hypocrisie et l'absence de toute sympathie étaient les moyens ordinaires de salut, ne put cette fois supporter l'idée du plus petit manque de délicatesse envers un homme qui l'aimait.

Mais tout à coup Julien fut heureux, il avait une raison pour refuser. « Quoi! je perdrais lâchement sept ou huit années! j'arriverais ainsi à vingt-huit ans; mais, à cet âge, Bonaparte avait fait ses plus grandes choses! Quand j'aurai gagné obscurément quelque argent en courant ces ventes de bois et méritant la faveur de quelques fripons subalternes, qui me dit que j'aurai encore le feu sacré avec lequel on se fait un nom? » (13)

Le lendemain matin, Julien répondit d'un grand sang-froid au bon Fouqué, qui regardait l'affaire de l'association comme terminée, que sa vocation pour le saint ministère des autels ne lui permettait pas d'accepter. Fouqué n'en revenait pas.

« Mais songes-tu, lui répétait-il, que je t'associe ou, si tu l'aimes mieux, que je te donne quatre mille francs par an? et tu veux retourner chez ton M. Rênal, qui te méprise comme la boue de ses souliers! Quand tu auras deux cents louis devant toi, qu'est-ce qui t'empêche d'entrer au séminaire? Je te dirai plus, je me charge de te procurer la meilleure cure du pays. Car, ajouta Fouqué en baissant la voix, je fournis de bois à brûler M. le..., M. le..., M... Je leur livre de l'essence de chêne de première qualité qu'ils ne me payent que comme du bois blanc, mais jamais argent ne fut mieux placé. »

Rien ne put vaincre la vocation de Julien. Fouqué finit par le croire un peu fou. Le troisième jour, de grand matin,

────────── **QUESTIONS** ──────────

13. Julien est-il capable d'accepter ou de refuser sans raisonner cette offre spontanée? Se méfie-t-il de lui-même ou de son ami? Montrez qu'il subordonne ses motifs à sa règle de conduite. Julien s'est-il conduit ici avec délicatesse ou cherche-t-il à se donner une raison valable de refuser l'offre de son ami? Y a-t-il, d'après vous, de la vraisemblance psychologique dans les dernières raisons que Julien se donne à lui-même pour motiver son refus?

82 — *LE ROUGE ET LE NOIR*

220 Julien quitta son ami pour passer la journée au milieu des rochers de la grande montagne. Il retrouva sa petite grotte, mais il n'avait plus la paix de l'âme, les offres de son ami la lui avaient enlevée **(14)**. Comme Hercule, il se trouvait non entre le vice et la vertu, mais entre la médiocrité suivie d'un
225 bien-être assuré et tous les rêves héroïques de sa jeunesse. « Je n'ai donc pas une véritable fermeté », se disait-il; et c'était là le doute qui lui faisait le plus de mal. « Je ne suis pas du bois dont on fait les grands hommes, puisque je crains que huit années passées à me procurer du pain ne m'enlèvent cette
230 énergie sublime qui fait faire les choses extraordinaires. » **(15) (16)**

CHAPITRE XIII

LES BAS À JOUR

> Un roman : c'est un miroir qu'on
> promène le long d'un chemin.
> SAINT-RÉAL[20].

Quand Julien aperçut les ruines pittoresques de l'ancienne église de Vergy, il remarqua que depuis l'avant-veille il n'avait pas pensé une seule fois à Mme de Rênal. « L'autre jour en partant, cette femme m'a rappelé la distance infinie qui nous

---

20. *Saint-Réal.* Cette définition, célèbre et souvent citée depuis *le Rouge et le Noir*, semble bien être de l'invention de Stendhal, qui l'attribue à Saint-Réal. Les scoliastes n'en ont jamais trouvé trace chez cet historien et critique du XVIIe siècle, tout à fait inconnu de nos jours, mais dont les œuvres venaient d'être rééditées sous forme de morceaux choisis en 1826.

QUESTIONS

14. Pour quelles raisons Julien invoque-t-il *sa vocation* pour retourner chez M. de Rênal? Soulignez l'ironie de l'auteur à l'égard de son personnage quand il écrit : *Rien ne put vaincre la vocation de Julien.* Pourquoi Julien a-t-il perdu la paix de l'âme?

15. Notre héros vient-il vraiment de se poser un dilemme moral? Pourquoi Julien doute-t-il de son énergie?

16. SUR L'ENSEMBLE DU CHAPITRE XII. — Étudiez l'influence de Rousseau sur l'ensemble du chapitre. Quel est le trait de caractère qui établit une différence fondamentale entre Saint-Preux et Julien Sorel? Stendhal a-t-il vraiment voulu dans ce chapitre nous montrer son héros « à la croisée des chemins »? A-t-on l'impression qu'à la fin du chapitre Julien a pris une décision capitale qui va orienter la marche des événements? Essayez d'analyser la forme de liberté qui enivre Julien dans ce passage. Pourquoi, dans une certaine mesure, reste-t-il plus libre chez M. de Rênal qu'auprès de son ami Fouqué?

sépare, elle m'a traité comme le fils d'un ouvrier. Sans doute elle a voulu me marquer son repentir de m'avoir laissé sa main la veille... Elle est pourtant bien jolie, cette main! quel charme! quelle noblesse dans les regards de cette femme! »

La possibilité de faire fortune avec Fouqué donnait une certaine facilité aux raisonnements de Julien; ils n'étaient plus aussi souvent gâtés par l'irritation, et le sentiment vif de sa pauvreté et de sa bassesse aux yeux du monde. Placé comme sur un promontoire élevé, il pouvait juger, et dominait pour ainsi dire l'extrême pauvreté et l'aisance qu'il appelait encore richesse. Il était loin de juger sa position en philosophe, mais il eut assez de clairvoyance pour se sentir *différent* après ce petit voyage dans la montagne.

Il fut frappé du trouble extrême avec lequel Mme de Rênal écouta le petit récit de son voyage, qu'elle lui avait demandé.

Fouqué avait eu des projets de mariage, des amours malheureuses; de longues confidences à ce sujet avaient rempli les conversations des deux amis. Après avoir trouvé le bonheur trop tôt, Fouqué s'était aperçu qu'il n'était pas seul aimé[21]. Tous ces récits avaient étonné Julien; il avait appris bien des choses nouvelles. Sa vie solitaire, toute d'imagination et de méfiance, l'avait éloigné de tout ce qui pouvait l'éclairer. **(1)**

Pendant son absence, la vie n'avait été pour Mme de Rênal qu'une suite de supplices différents, mais tous intolérables; elle était réellement malade.

« Surtout, lui dit Mme Derville, lorsqu'elle vit arriver Julien, indisposée comme tu l'es, tu n'iras pas ce soir au jardin, l'air humide redoublerait ton malaise. »

Mme Derville voyait avec étonnement que son amie, toujours grondée par M. de Rênal à cause de l'excessive simplicité de sa toilette, venait de prendre des bas à jour et de charmants petits souliers arrivés de Paris. Depuis trois jours la seule

---

21. Cette remarque confirme le rapprochement entre Fouqué et François Bigillion. L'auteur nous a parlé dans les mêmes termes de ce dernier dans la *Vie de Henry Brulard*.

QUESTIONS

1. Quel changement s'est opéré dans l'âme de Julien depuis ce court voyage? Pour quelle raison? Par quel procédé littéraire qui lui est familier Stendhal nous fait-il pénétrer les pensées de notre héros? Quel effet l'absence de Julien a-t-elle produit sur Mme de Rênal? Qu'est-ce qui révèle encore une fois dans ce passage l'extrême ignorance de Julien dans ce domaine des sentiments?

distraction de Mme de Rênal avait été de tailler et de faire faire en toute hâte par Élisa une robe d'été, d'une jolie petite étoffe fort à la mode. A peine cette robe put-elle être terminée quelques
40 instants après l'arrivée de Julien; Mme de Rênal la mit aussitôt. Son amie n'eut plus de doutes. « Elle aime, l'infortunée! » se dit Mme Derville. Elle comprit toutes les apparences singulières de sa maladie. **(2)**

Elle la vit parler à Julien. La pâleur succédait à la rougeur
45 la plus vive. L'anxiété se peignait dans ses yeux attachés sur ceux du jeune précepteur. Mme de Rênal s'attendait à chaque moment qu'il allait s'expliquer, et annoncer qu'il quittait la maison ou y restait. Julien n'avait garde de rien dire sur ce sujet, auquel il ne songeait pas. Après des combats affreux,
50 Mme de Rênal osa enfin lui dire, d'une voix tremblante, et où se peignait toute sa passion :

« Quitterez-vous vos élèves pour vous placer ailleurs? » **(3)**

Julien fut frappé de la voix incertaine et du regard de Mme de Rênal. « Cette femme-là m'aime, se dit-il; mais après ce
55 moment passager de faiblesse que se reproche son orgueil, et dès qu'elle ne craindra plus mon départ, elle reprendra sa fierté. » Cette vue de la position respective fut, chez Julien, rapide comme l'éclair, il répondit en hésitant :

« J'aurais beaucoup de peine à quitter des enfants si aimables
60 et si bien nés, mais peut-être le faudra-t-il. On a aussi des devoirs envers soi. »

En prononçant la parole *si bien nés* (c'était un de ces mots aristocratiques que Julien avait appris depuis peu), il s'anima d'un profond sentiment d'antisympathie.

65 « Aux yeux de cette femme, moi, se disait-il, je ne suis pas bien né. » **(4)**

————— QUESTIONS —————

2. Comment l'absence de Julien a-t-elle hâté la « cristallisation » chez Mme de Rênal? A quel moment Mme Derville s'aperçoit-elle de sa passion? Quelle est l'importance de cette clairvoyance au point de vue dramatique? Qu'est-ce qui va trahir sa passion vis-à-vis de Julien?

3. Désormais le lecteur, comme Mme Derville, va être le témoin des sentiments de nos deux héros. Comment l'auteur a-t-il traduit au début de ce passage la passion vue par un personnage objectif?

4. Quels changements chez Mme de Rênal et chez Julien lui-même ont préparé ce dernier à s'apercevoir enfin de la réalité de la situation? Julien éprouve-t-il à ce moment-là le moindre sentiment pour Mme de Rênal? Julien a acquis beaucoup de maîtrise déjà dans la dissimulation : montrez-le à la fin de ce paragraphe. Stendhal a souligné encore une fois ici l'inégalité sociale entre les deux personnages. Pourquoi?

Mme de Rênal, en l'écoutant, admirait son génie, sa beauté, elle avait le cœur percé de la possibilité de départ qu'il lui faisait entrevoir. Tous ses amis de Verrières, qui, pendant l'absence de Julien, étaient venus dîner à Vergy, lui avaient fait compliment comme à l'envi sur l'homme étonnant que son mari avait eu le bonheur de déterrer. Ce n'est pas que l'on comprît rien aux progrès des enfants. L'action de savoir par cœur la Bible, et encore en latin, avait frappé les habitants de Verrières d'une admiration qui durera peut-être un siècle.

Julien, ne parlant à personne, ignorait tout cela. Si Mme de Rênal avait eu le moindre sang-froid, elle lui eût fait compliment de la réputation qu'il avait conquise, et l'orgueil de Julien rassuré, il eût été pour elle doux et aimable, d'autant plus que la robe nouvelle lui semblait charmante. Mme de Rênal contente aussi de sa jolie robe, et de ce que lui en disait Julien, avait voulu faire un tour de jardin; bientôt elle avoua qu'elle était hors d'état de marcher. Elle avait pris le bras du voyageur et, bien loin d'augmenter ses forces, le contact de ce bras les lui ôtait tout à fait. (5)

Il était nuit; à peine fut-on assis, que Julien, usant de son ancien privilège, osa approcher les lèvres du bras de sa jolie voisine, et lui prendre la main. Il pensait à la hardiesse dont Fouqué avait fait preuve avec ses maîtresses, et non à Mme de Rênal; le mot *bien nés* pesait encore sur son cœur. On lui serra la main, ce qui ne lui fit aucun plaisir. Loin d'être fier, ou au moins reconnaissant du sentiment que Mme de Rênal trahissait ce soir-là par des signes trop évidents, la beauté, l'élégance, la fraîcheur le trouvèrent presque insensible. La pureté de l'âme, l'absence de toute émotion haineuse prolongent sans doute la durée de la jeunesse. C'est la physionomie qui vieillit la première chez la plupart des jolies femmes. (6)

Julien fut maussade toute la soirée; jusqu'ici il n'avait été en colère qu'avec le hasard et la société; depuis que Fouqué

─────── **QUESTIONS** ───────

5. De quels éléments est faite la passion de Mme de Rênal à son égard? Comment a-t-elle été accrue en l'absence de Julien? Par quelle réflexion ironique Stendhal stigmatise-t-il le succès de Julien et peut-être la stupidité des habitants de Verrières? Mme de Rênal par son attitude à l'égard de Julien peut-elle être qualifiée de coquette?

6. Notez tous les progrès de Julien depuis le chapitre ix. Quelle attitude nouvelle a-t-il adoptée? Quelle est la raison secrète de son insensibilité? Par quelles notations l'auteur révèle-t-il sa sympathie pour le personnage de Mme de Rênal?

lui avait offert un moyen ignoble d'arriver à l'aisance, il avait de l'humeur contre lui-même. Tout à ses pensées, quoique de temps en temps il dît quelques mots à ces dames, Julien finit sans s'en apercevoir par abandonner la main de Mme de Rênal. Cette action bouleversa l'âme de cette pauvre femme; elle y vit la manifestation de son sort.

Certaine de l'affection de Julien, peut-être sa vertu eût trouvé des forces contre lui. Tremblante de le perdre à jamais, sa passion l'égara jusqu'au point de reprendre la main de Julien, que, dans sa distraction, il avait laissée appuyée sur le dossier d'une chaise. Cette action réveilla ce jeune ambitieux : il eût voulu qu'elle eût pour témoins tous ces nobles si fiers qui, à table, lorsqu'il était au bas bout avec les enfants, le regardaient avec un sourire si protecteur. « Cette femme ne peut plus me mépriser : dans ce cas, se dit-il, je dois être sensible à sa beauté; je me dois à moi-même d'être son amant. » Une telle idée ne lui fût pas venue avant les confidences naïves faites par son ami. **(7)**

La détermination subite qu'il venait de prendre forma une distraction agréable. Il se disait : « Il faut que j'aie une de ces deux femmes »; il s'aperçut qu'il aurait beaucoup mieux aimé faire la cour à Mme Derville; ce n'est pas qu'elle fût plus agréable, mais toujours elle l'avait vu précepteur honoré pour sa science, et non pas ouvrier charpentier, avec une veste de ratine pliée sous le bras, comme il était apparu à Mme de Rênal.

C'était précisément comme jeune ouvrier, rougissant jusqu'au blanc des yeux, arrêté à la porte de la maison et n'osant sonner, que Mme de Rênal se le figurait avec le plus de charme. **(8)**

En poursuivant la revue de sa position, Julien vit qu'il ne fallait pas songer à la conquête de Mme Derville, qui s'apercevait probablement du goût que Mme de Rênal montrait pour lui. Forcé de revenir à celle-ci : « Que connais-je du caractère de cette femme? se dit Julien. Seulement ceci : avant mon voyage, je lui prenais la main, elle la retirait; aujourd'hui je

─────── **QUESTIONS** ───────

7. Qu'est-ce qui trahit Mme de Rênal? L'attitude de Julien a alarmé sa passion. Quel est le sentiment qui va déterminer Julien? Relevez la répétition des termes qui prouvent bien que sa conduite n'a rien de spontané. — Quelle est la nouvelle influence bien différente du *Mémorial de Sainte-Hélène* qui motive sa conduite?

8. Par quel trait l'auteur souligne-t-il encore les sentiments d'infériorité éprouvés par Julien? Quelle remarque trahit au contraire la noblesse d'âme de Mme de Rênal et son mépris des préjugés?

retire ma main, elle la saisit et la serre. Belle occasion de lui
135 rendre tous les mépris qu'elle a eus pour moi. Dieu sait combien
elle a eu d'amants! elle ne se décide peut-être en ma faveur
qu'à cause de la facilité des entrevues. »

Tel est, hélas, le malheur d'une excessive civilisation! A
vingt ans, l'âme d'un jeune homme, s'il a quelque éducation,
140 est à mille lieues du laisser-aller, sans lequel l'amour n'est
souvent que le plus ennuyeux des devoirs.

« Je me dois d'autant plus, continua la petite vanité de
Julien, de réussir auprès de cette femme, que si jamais je fais
fortune, et que quelqu'un me reproche le bas emploi de pré-
145 cepteur, je pourrai faire entendre que l'amour m'avait jeté à
cette place. » **(9)**

Julien éloigna de nouveau sa main de celle de Mme de Rênal,
puis il la reprit en la serrant. Comme on rentrait au salon,
vers minuit, Mme de Rênal lui dit à demi-voix :
150 « Vous nous quitterez, vous partirez? »

Julien répondit en soupirant :
« Il faut bien que je parte, car je vous aime avec passion,
c'est une faute... et quelle faute pour un jeune prêtre! »

Mme de Rênal s'appuya sur son bras, et avec tant d'abandon
155 que sa joue sentit la chaleur de celle de Julien.

Les nuits de ces deux êtres furent bien différentes. Mme de
Rênal était exaltée par les transports de la volupté morale
la plus élevée. Une jeune fille coquette qui aime de bonne
heure s'accoutume au trouble de l'amour; quand elle arrive
160 à l'âge de la vraie passion, le charme de la nouveauté manque.
Comme Mme de Rênal n'avait jamais lu de romans, toutes
les nuances de son bonheur étaient neuves pour elle. Aucune
triste vérité ne venait la glacer, pas même le spectre de l'avenir.
Elle se vit aussi heureuse dans dix ans qu'elle l'était en ce
165 moment. L'idée même de la vertu et de la fidélité jurée à
M. de Rênal, qui l'avait agitée quelques jours auparavant,
se présenta en vain, on la renvoya comme un hôte importun.

— **QUESTIONS** —

9. Julien éprouve-t-il ou non de l'inclination pour Mme de Rênal?
Justifiez votre réponse. Par quels termes l'auteur traduit-il son plan
de conquête? A quel vocabulaire appartiennent-ils? Quel est le nouveau
sentiment qui va engager Julien dans cette campagne de séduction?
A quel moment l'auteur intervient-il pour juger son personnage? Pourquoi? La conclusion du monologue intérieur du héros : que pensez-vous
des motifs de sa résolution?

« Jamais je n'accorderai rien à Julien, se dit Mme de Rênal, nous vivrons à l'avenir comme nous vivons depuis un mois. Ce sera un ami. » **(10) (11)**

RÉSUMÉ DES CHAPITRES XIV ET XV

Le brillant plan de campagne de Julien — que celui-ci a même pris soin d'écrire — ne va pas être exécuté sans maladresse ni gaucherie de sa part. L'auteur prend soin de nous montrer tout au long du chapitre que l'inexpérience de notre héros montre bien que son langage cavalier n'est qu'une attitude et qu'il y a quelque comique à vouloir jouer le rôle de don Juan sans en avoir encore l'étoffe. Julien lui-même en éprouve de l'humeur, tandis que sa tactique n'échappe pas à l'œil vigilant de Mme Derville. Il réussit même à faire une peur extrême à Mme de Rênal et, ne pouvant tenir sa position, il se réfugie à Verrières, où il assiste au départ du bon abbé Chélan, que le parti jésuite fait remplacer par un de ses tenants, le vicaire Maslon. Mais son absence et la peur de perdre Julien ont ranimé la passion chez Mme de Rênal. Julien reprend son rôle de séducteur et s'oblige à devenir l'amant de Mme de Rênal. La pénible contrainte qu'il s'impose, au risque de se taxer de faiblesse, assure le succès de Julien, mais l'empêche, à tout instant, d'éprouver le moindre sentiment de plaisir. Il se demande avec raideur s'il a bien joué son rôle.

CHAPITRE XVI

LE LENDEMAIN

> He turn'd his lip to hers, and with his hand
> Call'd back the tangles of her wandering hair.
>
> *Don Juan*, C. 1, st. 170.

Heureusement, pour la gloire de Julien, Mme de Rênal avait été trop agitée, trop étonnée, pour apercevoir la sottise de l'homme qui en un moment était devenu tout au monde pour elle.

─────── **QUESTIONS** ───────

10. Une fois sa décision prise, Julien joue-t-il parfaitement son rôle ? Que faut-il augurer de lui ? Pourquoi, dans cette fin de chapitre, Stendhal a-t-il insisté sur l'état d'âme de son héroïne et passé sous silence celui de Julien ?

Question 11, v. p. 89.

Comme elle l'engageait à se retirer, voyant poindre le jour :
« Oh! mon Dieu, disait-elle, si mon mari a entendu du bruit, je suis perdue. » **(1)**

Julien, qui avait le temps de faire des phrases, se souvint de celle-ci :

« Regretteriez-vous la vie?

— Ah! beaucoup dans ce moment! mais je ne regretterais pas de vous avoir connu. »

Julien trouva de sa dignité de rentrer exprès au grand jour et avec imprudence.

L'attention continue avec laquelle il étudiait ses moindres actions, dans la folle idée de paraître un homme d'expérience, n'eut qu'un avantage : lorsqu'il revit Mme de Rênal à déjeuner, sa conduite fut un chef-d'œuvre de prudence.

Pour elle, elle ne pouvait le regarder sans rougir jusqu'aux yeux, et ne pouvait vivre un instant sans le regarder; elle s'apercevait de son trouble, et ses efforts pour le cacher le redoublaient. Julien ne leva qu'une seule fois les yeux sur elle. D'abord, Mme de Rênal admira sa prudence. Bientôt, voyant que cet unique regard ne se répétait pas, elle fut alarmée : « Est-ce qu'il ne m'aimerait plus, se dit-elle; hélas! je suis bien vieille pour lui; j'ai dix ans de plus que lui. » **(2)**

En passant de la salle à manger au jardin, elle serra la main de Julien. Dans la surprise que lui causa une marque d'amour si extraordinaire, il la regarda avec passion, car elle lui avait semblé bien jolie au déjeuner, et, tout en baissant les yeux, il avait passé son temps à se détailler ses charmes. Ce regard consola Mme de Rênal; il ne lui ôta pas toutes ses inquiétudes;

QUESTIONS

11. Sur l'ensemble du chapitre XIII. — Sommes-nous arrivés à un tournant au point de vue dramatique? Les éléments nouveaux de l'analyse psychologique. Soulignez l'opposition fondamentale entre les deux personnages principaux. Y a-t-il un personnage qui domine ce chapitre? Existe-t-il une unité de ton dans ce passage? Sur quelle impression nous laisse-t-il? Relevez des éléments de comparaison, dans ce chapitre, entre Stendhal et Laclos *(les Liaisons dangereuses)*.

1. En quoi consiste la sottise de Julien? Ressemble-t-elle à la fatuité d'un parfait don Juan? Faut-il rapprocher le terme *gloire* du vocabulaire cornélien? Quelle nuance sentez-vous ici? En quoi cette situation banale en elle-même est-elle neuve et authentique pour Mme de Rênal?

2. Une réponse souligne le côté théâtral de la conduite de Julien. Citez-la. Quels sont les traits qui montrent le manque de naturel dans sa conduite? Que laisse transparaître l'auteur dans son intervention à propos de Julien? Quel est l'effet de l'attitude de Julien, *chef-d'œuvre de prudence*, sur Mme de Rênal?

mais ses inquiétudes lui ôtaient presque tout à fait ses remords envers son mari. **(3)**

35 Au déjeuner, ce mari ne s'était aperçu de rien; il n'en était pas de même de Mme Derville : elle crut Mme de Rênal sur le point de succomber. Pendant toute la journée, son amitié hardie et incisive ne lui épargna pas les demi-mots destinés à lui peindre, sous de hideuses couleurs, le danger qu'elle courait.

40 Mme de Rênal brûlait de se trouver seule avec Julien; elle voulait lui demander s'il l'aimait encore. Malgré la douceur inaltérable de son caractère, elle fut plusieurs fois sur le point de faire entendre à son amie combien elle était importune. **(4)**

Le soir, au jardin, Mme Derville arrangea si bien les choses,
45 qu'elle se trouva placée entre Mme de Rênal et Julien. Mme de Rênal, qui s'était fait une image délicieuse du plaisir de serrer la main de Julien et de la porter à ses lèvres, ne put pas même lui adresser un mot.

Ce contretemps augmenta son agitation. Elle était dévorée
50 d'un remords. Elle avait tant grondé Julien de l'imprudence qu'il avait faite en venant chez elle la nuit précédente, qu'elle tremblait qu'il ne vînt pas celle-ci. Elle quitta le jardin de bonne heure, et alla s'établir dans sa chambre. Mais, ne tenant pas à son impatience, elle vint coller son oreille contre la porte
55 de Julien. Malgré l'incertitude et la passion qui la dévoraient, elle n'osa point entrer. Cette action lui semblait la dernière des bassesses, car elle sert de texte à un dicton de province. **(5)**

Les domestiques n'étaient pas tous couchés. La prudence l'obligea enfin à revenir chez elle. Deux heures d'attente furent
60 deux siècles de tourments.

Mais Julien était trop fidèle à ce qu'il appelait le devoir, pour manquer à exécuter de point en point ce qu'il s'était prescrit. **(6)**

───── **QUESTIONS** ─────

3. Julien est-il séduit malgré la ligne de conduite qu'il s'est fixée? Prouvez-le. Quel effet cette *faiblesse* envers lui-même produit-elle sur le jugement du lecteur?

4. Étudiez les progrès de la passion dans l'âme de Mme de Rênal? Relevez un verbe du vocabulaire classique de la tragédie racinienne appliqué par Stendhal à son héroïne? Peut-on lui trouver une analogie frappante avec Phèdre?

5. Quel est le nouveau *remords* que connaît Mme de Rênal? Que nous prouve son attitude? Quel est le ton de ce passage?

6. L'auteur maintient-il encore une distance ironique à l'égard de ses personnages? Quelle raison va ramener Julien chez Mme de Rênal?

Comme une heure sonnait, il s'échappa doucement de sa
chambre, s'assura que le maître de la maison était profondément endormi, et parut chez Mme de Rênal. Ce jour-là, il trouva plus de bonheur auprès de son amie, car il songea moins constamment au rôle à jouer. Il eut des yeux pour voir et des oreilles pour entendre. Ce que Mme de Rênal lui dit de son âge contribua à lui donner quelque assurance.

« Hélas! j'ai dix ans de plus que vous! Comment pouvez-vous m'aimer! » lui répétait-elle sans projet, et parce que cette idée l'opprimait.

Julien ne concevait pas ce malheur, mais il vit qu'il était réel, et il oublia presque toute sa peur d'être ridicule. **(7)**

La sotte idée d'être regardé comme un amant subalterne, à cause de sa naissance obscure, disparut aussi. A mesure que les transports de Julien rassuraient sa timide maîtresse, elle reprenait un peu de bonheur et la faculté de juger son amant. Heureusement, il n'eut presque pas, ce jour-là, cet air emprunté qui avait fait du rendez-vous de la veille une victoire, mais non pas un plaisir. Si elle se fût aperçue de son attention à jouer un rôle, cette triste découverte lui eût à jamais enlevé tout bonheur. Elle n'y eût pu voir autre chose qu'un triste effet de la disproportion des âges.

Quoique Mme de Rênal n'eût jamais pensé aux théories de l'amour, la différence d'âge est, après celle de fortune, un des grands lieux communs de la plaisanterie de province, toutes les fois qu'il est question d'amour. **(8)**

En peu de jours, Julien, rendu à toute l'ardeur de son âge, fut éperdument amoureux.

« Il faut convenir, se disait-il, qu'elle a une bonté d'âme angélique, et l'on n'est pas plus jolie. »

Il avait perdu presque tout à fait l'idée du rôle à jouer. Dans un moment d'abandon, il lui avoua même toutes ses inquiétudes. Cette confidence porta à son comble la passion qu'il inspirait. « Je n'ai donc point eu de rivale heureuse », se disait Mme de Rênal avec délices! Elle osa l'interroger sur

---
QUESTIONS

7. Comment peu à peu Julien perd-il de sa raideur? Quels sentiments le gagnent? Quelle nouvelle raison va lui ôter sa peur du ridicule?

8. Stendhal nous a-t-il peint cette scène de passion avec réalisme ou avec une prudence et une réserve toutes classiques? Relevez des expressions pour justifier votre réponse. Comment encore une fois l'auteur fait-il apparaître que Mme de Rênal a une âme au-dessus du vulgaire?

le portrait auquel il mettait tant d'intérêt; Julien lui jura que c'était celui d'un homme. **(9)**

Quand il restait à Mme de Rênal assez de sang-froid pour réfléchir, elle ne revenait pas de son étonnement qu'un tel bonheur existât, et que jamais elle ne s'en fût doutée.

« Ah! se disait-elle, si j'avais connu Julien il y a dix ans, quand je pouvais encore passer pour jolie! »

Julien était fort éloigné de ces pensées. Son amour était encore de l'ambition; c'était de la joie de posséder, lui pauvre être malheureux et si méprisé, une femme aussi noble et aussi belle **(10)**. Ses actes d'adoration, ses transports à la vue des charmes de son amie, finirent par la rassurer un peu sur la différence d'âge. Si elle eût possédé un peu de ce savoir-vivre dont une femme de trente ans jouit depuis longtemps dans les pays plus civilisés, elle eût frémi pour la durée d'un amour qui ne semblait vivre que de surprise et de ravissement d'amour-propre. **(11)**

Dans ses moments d'oubli d'ambition, Julien admirait avec transport jusqu'aux chapeaux, jusqu'aux robes de Mme de Rênal. Il ne pouvait se rassasier du plaisir de sentir leur parfum. Il ouvrait son armoire de glace et restait des heures entières admirant la beauté et l'arrangement de tout ce qu'il y trouvait. Son amie, appuyée sur lui, le regardait; lui, regardait ces bijoux, ces chiffons qui, la veille d'un mariage, emplissent une corbeille de noce.

« J'aurais pu épouser un tel homme! pensait quelquefois Mme de Rênal; quelle âme de feu! quelle vie ravissante avec lui! » **(12)**

―――― **QUESTIONS** ――――

9. Comparez la lente « cristallisation » de Mme de Rênal et le *coup de foudre* subit de Julien? Lorsqu'il émet un jugement sur Mme de Rênal (lignes 92-93), Julien vous semble-t-il être objectif et résumer assez bien le caractère et la physionomie de sa maîtresse? Montrez comment Julien ayant perdu sa raideur peut enfin s'abandonner à un sentiment vrai.

10. Quelle est la grande différence entre l'amour de Julien et celui de Mme de Rênal?

11. Qu'est-ce qui nous laisse pressentir que cette passion se situe hors du temps et qu'elle est de toute manière menacée? Quel est le grand ressort de la passion de Julien?

12. Quelle sorte d'étonnement ou de ravissement éprouve Julien devant les bijoux et les robes de Mme de Rênal? Comment Mme de Rênal interprète-t-elle son attitude? Leurs pensées peuvent-elles se rejoindre?

Pour Julien, jamais il ne s'était trouvé aussi près de ces terribles instruments de l'artillerie féminine. « Il est impossible, se disait-il, qu'à Paris on ait quelque chose de plus
130 beau! » Alors il ne trouvait point d'objection à son bonheur. Souvent la sincère admiration et les transports de sa maîtresse lui faisaient oublier la vaine théorie qui l'avait rendu si compassé et presque si ridicule dans les premiers moments de cette liaison.

Il y eut des moments où, malgré ses habitudes d'hypocrisie,
135 il trouvait une douceur extrême à avouer à cette grande dame qui l'admirait son ignorance d'une foule de petits usages. Le rang de sa maîtresse semblait l'élever au-dessus de lui-même. Mme de Rênal, de son côté, trouvait la plus douce des voluptés morales à instruire ainsi, dans une foule de petites choses, ce
140 jeune homme rempli de génie, et qui était regardé par tout le monde comme devant un jour aller si loin. Même le sous-préfet et M. Valenod ne pouvaient s'empêcher de l'admirer; ils lui en semblaient moins sots **(13)**. Quant à Mme Derville, elle était bien loin d'avoir à exprimer les mêmes sentiments.
145 Désespérée de ce qu'elle croyait deviner, et voyant que les sages avis devenaient odieux à une femme qui, à la lettre, avait perdu la tête, elle quitta Vergy sans donner une explication qu'on se garda de lui demander. Mme de Rênal en versa quelques larmes, et bientôt il lui sembla que sa félicité
150 redoublait. Par ce départ elle se trouvait presque toute la journée tête à tête avec son amant. **(14)**

Julien se livrait d'autant plus à la douce société de son amie, que, toutes les fois qu'il était trop longtemps seul avec lui-même, la fatale proposition de Fouqué venait encore l'agi-
155 ter. Dans les premiers jours de cette vie nouvelle, il y eut des moments où lui, qui n'avait jamais aimé, qui n'avait jamais été aimé de personne, trouvait un si délicieux plaisir à être sincère, qu'il était sur le point d'avouer à Mme de Rênal l'ambition qui jusqu'alors avait été l'essence même de son existence.
160 Il eût voulu pouvoir la consulter sur l'étrange tentation que

---

QUESTIONS

13. Pourquoi Julien emploie-t-il l'expression *ces terribles instruments de l'artillerie féminine?* Comment son ignorance de la vie mondaine redouble-t-elle son émerveillement? Quels sont les traits qui prouvent que Julien a abandonné son masque d'hypocrite? Vous semble-t-il encore considérer Mme de Rênal comme un instrument de son ambition? Que pensez-vous de l'attitude de Mme de Rênal à son égard?

14. En quoi le départ de Mme Derville prouve-t-il l'intensité de la passion de Mme de Rênal? L'amour chez elle a-t-il laissé place à l'amitié?

Une étape de l'ascension de Julien :

Besançon, capitale provinciale.

Phot. Photothèque française.

lui donnait la proposition de Fouqué, mais un petit événement empêcha toute franchise. **(15) (16)**

RÉSUMÉ DU CHAPITRE XVII

Un petit événement vient cependant rappeler les « distances » entre les deux amants. Julien se laisse aller à exprimer devant Mme de Rênal son admiration pour Napoléon. Mais la réaction de celle-ci prouve à Julien qu'elle demeure *élevée dans le camp ennemi*, et il n'a pas le courage d'une sincérité totale. Cependant, Mme de Rênal continue à diriger ses pas dans la société mondaine provinciale qu'il connaît si peu et elle l'éclaire même sur les intrigues politiques et religieuses qui font de Verrières l'exemple type d'une petite ville de province sous le règne de Charles X. Elle admire Julien comme un *effrayant génie*, et le passage d'un roi à Verrières va lui fournir l'occasion de donner à Julien un témoignage de sa passion.

CHAPITRE XVIII

UN ROI A VERRIÈRES[22]

> N'êtes-vous bons qu'à jeter là comme un cadavre de peuple, sans âme, et dont les veines n'ont plus de sang?
>
> *Disc. de l'Évêque,*
> *à la chapelle de Saint-Clément.*

Le 3 septembre, à 10 heures du soir, un gendarme réveilla tout Verrières en montant la grande rue au galop ; il apportait

---

22. Le tableau de la visite du roi dans une petite ville avait déjà été esquissé par Stendhal, d'après un souvenir de 1804 dans l'*Histoire de la peinture en Italie*. Des recherches de C. Liprandi (article du *Divan*, « Un roi à Verrières », juill.-sept. 1950) permettent de rapprocher également ce récit de la visite historique de La Fayette à Vizille et à Grenoble en août-septembre 1829, événement contemporain de l'idée créatrice du *Rouge* de Stendhal.

—————— **QUESTIONS** ——————

15. Analysez l'évolution qui s'est faite dans le cœur de Julien. Lui qui s'était imposé un rôle d'hypocrite se laisse aller à la franchise. En quoi était-il indispensable pour la suite du roman que Julien n'avoue pas ses ambitions à Mme de Rênal ?

16. SUR L'ENSEMBLE DU CHAPITRE XVI. — Étudiez le déroulement du temps ressenti par chacun des deux personnages, l'une en prise à des regrets, l'autre que son ambition tend vers l'avenir. Y a-t-il un côté maternel dans l'amour de Mme de Rênal ? — Chez Julien, l'auteur n'a-t-il pas laissé voir une âme d'enfant ? Ce chapitre nous le montre-t-il comme un ambitieux très retors ?

UN ROI À VERRIÈRES — 97

la nouvelle que Sa Majesté le roi de*** arrivait le dimanche suivant, et l'on était au mardi. Le préfet autorisait, c'est-à-dire demandait la formation d'une garde d'honneur; il fallait déployer toute la pompe possible. Une estafette fut expédiée à Vergy. M. de Rênal arriva dans la nuit, et trouva toute la ville en émoi. Chacun avait ses prétentions; les moins affairés louaient des balcons pour voir l'entrée du roi.

Qui commandera la garde d'honneur? M. de Rênal vit tout de suite combien il importait, dans l'intérêt des maisons sujettes à reculer, que M. de Moirod[23] eût ce commandement. Cela pouvait faire titre pour la place de premier adjoint. Il n'y avait rien à dire à la dévotion de M. de Moirod, elle était au-dessus de toute comparaison, mais jamais il n'avait monté à cheval. C'était un homme de trente-six ans, timide de toutes les façons, et qui craignait également les chutes et le ridicule.

Le maire le fit appeler dès les cinq heures du matin. **(1)**

« Vous voyez, monsieur, que je réclame vos avis, comme si déjà vous occupiez le poste auquel tous les honnêtes gens vous portent. Dans cette malheureuse ville les manufactures prospèrent, le parti libéral devient millionnaire, il aspire au pouvoir, il saura se faire des armes de tout. Consultons l'intérêt du roi, celui de la monarchie, et avant tout l'intérêt de notre sainte religion. A qui pensez-vous, monsieur, que l'on puisse confier le commandement de la garde d'honneur? »

Malgré la peur horrible que lui faisait le cheval, M. de Moirod finit par accepter cet honneur comme un martyre. « Je saurai prendre un ton convenable », dit-il au maire. A peine restait-il le temps de faire arranger les uniformes qui sept ans auparavant avaient servi lors du passage d'un prince du sang. **(2)**

---

23. *M. de Moirod*, le personnage du second adjoint au maire de Verrières, est le représentant du parfait dévot. Il deviendrait le successeur de M. de Rênal si celui-ci était nommé député, comme Stendhal nous l'a exposé au chapitre précédent.

QUESTIONS

1. Sur quel ton débute le récit? Par quels moyens l'auteur a-t-il traduit l'affolement de la petite ville? Relevez les traits ironiques de l'auteur qui commente indirectement les événements. Comment M. de Rênal va-t-il déployer ses talents d'organisateur?

2. Pourquoi Stendhal a-t-il brossé si énergiquement au début du chapitre le portrait caricatural de M. de Moirod? Quelle comparaison implicite le lecteur sera-t-il amené à établir?

A sept heures, Mme de Rênal arriva de Vergy avec Julien et les enfants. Elle trouva son salon rempli de dames libérales qui prêchaient l'union des partis, et venaient la supplier d'engager son mari à accorder une place aux leurs dans la garde d'honneur. L'une d'elles prétendait que si son mari n'était pas élu, de chagrin il ferait banqueroute. Mme de Rênal renvoya bien vite tout ce monde. Elle paraissait fort occupée.

Julien fut étonné et encore plus fâché qu'elle lui fît un mystère de ce qui l'agitait. « Je l'avais prévu, se disait-il avec amertume, son amour s'éclipse devant le bonheur de recevoir un roi dans sa maison. Tout ce tapage l'éblouit. Elle m'aimera de nouveau quand les idées de sa caste ne lui troubleront plus la cervelle. »

Chose étonnante, il l'en aima davantage. **(3)**

Les tapissiers commençaient à remplir la maison, il épia longtemps en vain l'occasion de lui dire un mot. Enfin il la trouva qui sortait de sa chambre à lui, Julien, emportant un de ses habits. Ils étaient seuls. Il voulut lui parler. Elle s'enfuit en refusant de l'écouter. « Je suis bien sot d'aimer une telle femme, l'ambition la rend aussi folle que son mari. »

Elle l'était davantage; un de ses grands désirs, qu'elle n'avait jamais avoué à Julien de peur de le choquer, était de le voir quitter, ne fût-ce que pour un jour, son triste habit noir. Avec une adresse vraiment admirable chez une femme si naturelle, elle obtint d'abord de M. de Moirod, et ensuite de M. le sous-préfet de Maugiron, que Julien serait nommé garde d'honneur de préférence à cinq ou six jeunes gens, fils de fabricants fort aisés, et dont deux au moins étaient d'une exemplaire piété. M. Valenod, qui comptait prêter sa calèche aux plus jolies femmes de la ville et faire admirer ses beaux normands, consentit à donner un de ses chevaux à Julien, l'être qu'il haïssait le plus **(4)**. Mais tous les gardes d'honneur avaient à eux ou

─────────── **QUESTIONS** ───────────

3. L'auteur a-t-il épargné les libéraux quand il accable le Tout-Verrières de sa moquerie sous-jacente? L'amertume de Julien vous paraît-elle naturelle et justifiée? Pour quelle raison l'auteur souligne-t-il : *Chose étonnante, il l'en aima davantage* (ligne 46)?

4. Pourquoi l'auteur, en dépeignant l'agitation qui s'empare de cette maison, a-t-il volontairement relégué Julien au second plan? Quelle est au contraire l'importance donnée à Mme de Rênal? Pour quel motif? Quels changements la passion a-t-elle opérés sur son caractère? M. Valenod pardonnera-t-il à Julien les faveurs qu'obtient de lui la femme qu'il aime? (Voir livre II, chapitre XLI.)

d'emprunt quelqu'un de ces beaux habits bleu de ciel avec deux épaulettes de colonel en argent, qui avaient brillé sept ans auparavant. Mme de Rênal voulait un habit neuf, et il ne lui restait que quatre jours pour envoyer à Besançon, et en faire revenir l'habit d'uniforme, les armes, le chapeau, etc., tout ce qui fait un garde d'honneur. Ce qu'il y a de plaisant, c'est qu'elle trouvait imprudent de faire faire l'habit de Julien à Verrières. Elle voulait le surprendre, lui et la ville.

Le travail des gardes d'honneur et de l'esprit public terminé, le maire eut à s'occuper d'une grande cérémonie religieuse, le roi de*** ne voulait pas passer à Verrières sans visiter la fameuse relique de saint Clément[24] que l'on conserve à Bray-le-Haut[25] à une petite lieue de la ville **(5)**. On désirait un clergé nombreux, ce fut l'affaire la plus difficile à arranger ; M. Maslon, le nouveau curé, voulait à tout prix éviter la présence de M. Chélan. En vain, M. de Rênal lui représentait qu'il y aurait imprudence. M. le marquis de La Mole[26], dont les ancêtres ont été si longtemps gouverneurs de la province, avait été désigné pour accompagner le roi de***. Il connaissait depuis trente ans l'abbé Chélan. Il demanderait certainement de ses nouvelles en arrivant à Verrières, et s'il le trouvait disgracié, il était homme à aller le chercher dans la petite maison où il s'était retiré, accompagné de tout le cortège dont il pourrait disposer. Quel soufflet !

« Je suis déshonoré ici et à Besançon, répondait l'abbé Maslon, s'il paraît dans mon clergé. Un janséniste, grand Dieu !

— Quoi que vous en puissiez dire, mon cher abbé, répliquait M. de Rênal, je n'exposerai pas l'administration de Verrières à recevoir un affront de M. de La Mole. Vous ne le connaissez pas, il pense bien à la cour ; mais ici, en province,

---

24. *Relique de saint Clément.* Les dévotions aux reliques sont un trait de la restauration du culte catholique par le clergé sous la monarchie de Charles X. C. Liprandi rapproche cet épisode de la cérémonie de la translation des reliques de saint Vincent de Paul au couvent des Lazaristes au début de 1830, au cours de laquelle Charles X était allé manifester officiellement sa piété ; **25.** *Abbaye de Bray-le-Haut* : cadre du voyage de La Fayette en 1829 ; **26.** Le *marquis de La Mole*, le personnage qui dominera la seconde partie du roman, apparaît déjà comme un adversaire des Jésuites. On a rapproché ce personnage romanesque du comte de Montlosier, animateur en 1826 de la campagne antijésuite.

QUESTIONS

5. N'y a-t-il pas un côté puéril dans ces préparatifs ? Par quel mot l'auteur l'a-t-il suggéré ? Pourquoi l'auteur passe-t-il sous silence les réactions de Julien devant cette « surprise » ? Comment Stendhal insère-t-il l'action du roman dans une réalité historique précise ? Relevez les éléments d'une comédie de mœurs dans ce passage.

100 — *LE ROUGE ET LE NOIR*

95 c'est un mauvais plaisant satirique, moqueur, ne cherchant
qu'à embarrasser les gens. Il est capable, uniquement pour
s'amuser, de nous couvrir de ridicule aux yeux des libéraux. » **(6)**

Ce ne fut que dans la nuit du samedi au dimanche, après
trois jours de pourparlers, que l'orgueil de l'abbé Maslon
100 plia devant la peur du maire qui se changeait en courage.
Il fallut écrire une lettre mielleuse à l'abbé Chélan, pour le
prier d'assister à la cérémonie de la relique de Bray-le-Haut,
si toutefois son grand âge et ses infirmités le lui permettaient.
M. Chélan demanda et obtint une lettre d'invitation pour
105 Julien qui devait l'accompagner en qualité de sous-diacre[27]. **(7)**

Dès le matin du dimanche, des milliers de paysans, arrivant
des montagnes voisines, inondèrent les rues de Verrières. Il
faisait le plus beau soleil. Enfin, vers les trois heures, toute
cette foule fut agitée, on apercevait un grand feu sur un rocher
110 à deux lieues de Verrières. Ce signal annonçait que le roi
venait d'entrer sur le territoire du département. Aussitôt le
son de toutes les cloches et les décharges répétées d'un vieux
canon espagnol appartenant à la ville marquèrent sa joie de
ce grand événement. La moitié de la population monta sur
115 les toits. Toutes les femmes étaient aux balcons. La garde
d'honneur se mit en mouvement. On admirait les brillants
uniformes, chacun reconnaissait un parent, un ami. On se
moquait de la peur de M. de Moirod, dont à chaque instant
la main prudente était prête à saisir l'arçon de sa selle **(8)**.
120 Mais une remarque fit oublier toutes les autres : le premier
cavalier de la neuvième file était un fort joli garçon, très mince,

---

27. *Sous-diacre.* Un diacre a reçu l'ordre immédiatement inférieur à la prêtrise.
Le sous-diacre est destiné au diaconat. Il sert ou accompagne le prêtre ou l'évêque
à l'autel.

━━━━━ QUESTIONS ━━━━━

6. Étudiez l'affrontement des petites intrigues religieuses et politiques.
Comment sont-elles représentatives du règne de Charles X? Comment
est suggérée l'opposition entre Paris et la province? M. de Rênal dépeint
rapidement le marquis de La Mole devant l'abbé Maslon. Quelle est la
grande différence entre ce grand seigneur et le maire de Verrières? Par
quelle habileté du romancier cette peinture de mœurs et de caractères
va-t-elle se rattacher au fil conducteur de l'action?

7. Quel effet va produire sur Julien cette invitation?

8. Stendhal, habituellement avare de détails, a brossé ici un large
tableau de foule. Caractérisez cette description. Étudiez la façon dont
le champ de vision se rétrécit progressivement pour préparer l'entrée en
scène de Julien. Sur quel contraste, volontairement ménagé, va se détacher la silhouette de notre héros?

que d'abord on ne reconnut pas. Bientôt un cri d'indignation chez les uns, chez d'autres le silence de l'étonnement annoncèrent une sensation générale. On reconnaissait dans ce jeune homme, montant un des chevaux normands de M. Valenod, le petit Sorel, fils du charpentier. Il n'y eut qu'un cri contre le maire, surtout parmi les libéraux. Quoi, parce que ce petit ouvrier déguisé en abbé était précepteur de ses marmots, il avait l'audace de le nommer garde d'honneur, au préjudice de MM. tels et tels, riches fabricants! « Ces messieurs, disait une dame banquière, devraient bien faire une avanie à ce petit insolent, né dans la crotte. — Il est sournois et porte un sabre, répondait le voisin, il serait assez traître pour leur couper la figure. »

Les propos de la société noble étaient plus dangereux. Les dames se demandaient si c'était du maire tout seul que provenait cette haute inconvenance. En général, on rendait justice à son mépris pour le défaut de naissance. **(9)**

Pendant qu'il était l'occasion de tant de propos, Julien était le plus heureux des hommes. Naturellement hardi, il se tenait mieux à cheval que la plupart des jeunes gens de cette ville de montagnes. Il voyait dans les yeux des femmes qu'il était question de lui.

Ses épaulettes étaient plus brillantes, parce qu'elles étaient neuves. Son cheval se cabrait à chaque instant, il était au comble de la joie.

Son bonheur n'eut plus de bornes, lorsque, passant près du vieux rempart, le bruit de la petite pièce de canon fit sauter son cheval hors du rang. Par un grand hasard, il ne tomba pas, de ce moment il se sentit un héros. Il était officier d'ordonnance de Napoléon et chargeait une batterie. **(10)**

Une personne était plus heureuse que lui. D'abord elle l'avait vu passer d'une des croisées de l'hôtel de ville ; montant

——————— **QUESTIONS** ———————

9. Comment l'entrée en scène de Julien va-t-elle « cristalliser » les jalousies de la population aux aguets? A-t-on bien l'impression qu'à ce moment le romancier est bien cet être qui promène un miroir « le long d'un chemin », comme nous le suggérait Stendhal au chapitre XIII? Comment ce miroir nous renvoie-t-il une image convergente de Julien, unique objet de toutes les médisances?

10. De quoi est faite la joie profonde de notre héros? A-t-on l'impression qu'il joue son rôle? Soulignez la parenté évidente de Julien Sorel avec Fabrice del Dongo et Lucien Leuwen? A qui pense Julien à ce moment unique de son existence?

ensuite en calèche, et faisant rapidement un grand détour,
155 elle arriva à temps pour frémir quand son cheval l'emporta
hors du rang. Enfin, sa calèche sortant au grand galop, par
une autre porte de la ville, elle parvint à rejoindre la route
par où le roi devait passer, et put suivre la garde d'honneur
à vingt pas de distance, au milieu d'une noble poussière. Dix
160 mille paysans crièrent : « Vive le roi ! » quand le maire eut l'honneur de haranguer Sa Majesté. Une heure après, lorsque, tous
les discours écoutés, le roi allait entrer dans la ville, la petite
pièce de canon se remit à tirer à coups précipités. Mais un
accident s'ensuivit, non pour les canonniers qui avaient fait
165 leurs preuves à Leipsick et à Montmirail, mais pour le futur
premier adjoint, M. de Moirod. Son cheval le déposa mollement dans l'unique bourbier qui fût sur la grande route, ce
qui fit esclandre, parce qu'il fallut le tirer de là pour que la
voiture du roi pût passer. **(11)**

170 Sa Majesté descendit à la belle église neuve qui ce jour-là
était parée de tous ses rideaux cramoisis. Le roi devait dîner,
et aussitôt après remonter en voiture pour aller vénérer la
célèbre relique de saint Clément. A peine le roi fut-il à l'église,
que Julien galopa vers la maison de M. de Rênal. Là, il quitta
175 en soupirant son bel habit bleu de ciel, son sabre, ses épaulettes, pour reprendre le petit habit noir râpé. Il remonta à
cheval, et en quelques instants fut à Bray-le-Haut qui occupe
le sommet d'une fort belle colline. « L'enthousiasme multiplie
ces paysans, pensa Julien. On ne peut se remuer à Verrières,
180 et en voici plus de dix mille autour de cette antique abbaye. »
A moitié ruinée par le vandalisme révolutionnaire, elle avait
été magnifiquement rétablie depuis la Restauration, et l'on
commençait à parler de miracles **(12)**. Julien rejoignit l'abbé

──────── **QUESTIONS** ────────

11. Analysez, en l'opposant à celui de Julien, le bonheur de Mme de Rênal au même instant. Qu'a voulu montrer Stendhal en faisant de Julien un être naturellement « gracieux », de M. de Moirod un être « disgracieux » ?

12. Stendhal rappelle par l'adjectif *cramoisis*, repris du *Moniteur* de 1830 rapportant une cérémonie semblable, que l'allusion à la chronique de 1830 est précise. Pourquoi ? Julien Sorel éprouve des regrets en quittant son bel habit bleu. Stendhal ne donne-t-il pas une valeur symbolique à ce changement d'habit ? — Faut-il voir du mépris dans l'observation de Julien : *L'enthousiasme multiplie ces paysans* (ligne 178) ? Sur quel ton Stendhal parle-t-il de *vandalisme révolutionnaire* ? Exprime-t-il ses sentiments personnels ? Comment la fin de la phrase laisse-t-elle percer son ironie ?

UN ROI À VERRIÈRES — 103

Chélan qui le gronda fort, et lui remit une soutane et un surplis. Il s'habilla rapidement et suivit M. Chélan qui se rendait
auprès du jeune évêque d'Agde[28]. C'était un neveu de M. de
La Mole, récemment nommé, et qui avait été chargé de montrer la relique au roi. Mais l'on ne put trouver cet évêque.

Le clergé s'impatientait. Il attendait son chef dans le cloître
sombre et gothique de l'ancienne abbaye. On avait réuni
vingt-quatre curés pour figurer l'ancien chapitre de Bray-
le-Haut, composé avant 1789 de vingt-quatre chanoines. Après
avoir déploré pendant trois quarts d'heure la jeunesse de
l'évêque, les curés pensèrent qu'il était convenable que M. le
Doyen se retirât vers Monseigneur pour l'avertir que le roi
allait arriver, et qu'il était instant de se rendre au chœur.
Le grand âge de M. Chélan l'avait fait doyen; malgré l'humeur
qu'il témoignait à Julien, il lui fit signe de le suivre. Julien
portait fort bien son surplis. Au moyen de je ne sais quel
procédé de toilette ecclésiastique, il avait rendu ses beaux
cheveux bouclés très plats; mais, par un oubli qui redoubla
la colère de M. Chélan, sous les longs plis de sa soutane on
pouvait apercevoir les éperons du garde d'honneur. **(13)**

Arrivés à l'appartement de l'évêque, de grands laquais bien
chamarrés daignèrent à peine répondre au vieux curé que
Monseigneur n'était pas visible. On se moqua de lui quand il
voulut expliquer qu'en sa qualité de doyen du chapitre noble
de Bray-le-Haut, il avait le privilège d'être admis en tout
temps auprès de l'évêque officiant. **(14)**

L'humeur hautaine de Julien fut choquée de l'insolence
des laquais. Il se mit à parcourir les dortoirs de l'antique

---

28. L'*évêque d'Agde* a été rapproché de M. de Quélen, grand restaurateur du culte des reliques sous Charles X et qui passait lui-même pour « joli cavalier » fort admiré du beau sexe.

QUESTIONS
---

13. Pourquoi Julien a-t-il encouru les reproches de l'abbé Chélan? Montrez comment, successivement, sa protectrice, Mme de Rênal, et son bienfaiteur, l'abbé Chélan, tendent à Julien les droits et les attributs qui vont lui permettre de demeurer au centre des événements de cette journée mémorable? Faut-il faire une part au hasard dans ces *chances* successives offertes à notre héros? Que reproche-t-on à l'évêque d'Agde? Quelle est la raison véritable de ce reproche? Comment Stendhal montre-t-il que même sous l'habit ecclésiastique la séduction physique de son héros joue toujours un rôle important? Quelle valeur prend l'oubli vestimentaire de Julien?

14. Peu à peu l'auteur nous entraîne vers une scène de comédie. Quels sont les éléments qui nous le prouvent?

abbaye, secouant toutes les portes qu'il rencontrait. Une fort petite céda à ses efforts, et il se trouva dans une cellule au milieu des valets de chambre de Monseigneur, en habits noirs et la chaîne au cou. A son air pressé ces messieurs le crurent mandé par l'évêque et le laissèrent passer. Il fit quelques pas et se trouva dans une immense salle gothique extrêmement sombre, et toute lambrissée de chêne noir; à l'exception d'une seule, les fenêtres en ogive avaient été murées avec des briques. La grossièreté de cette maçonnerie n'était déguisée par rien et faisait un triste contraste avec l'antique magnificence de la boiserie. Les deux grands côtés de cette salle célèbre parmi les antiquaires bourguignons, et que le duc Charles le Téméraire avait fait bâtir vers 1470 en expiation de quelque péché, étaient garnis de stalles de bois richement sculptées. On y voyait, figurés en bois de différentes couleurs, tous les mystères de l'Apocalypse. **(15)**

Cette magnificence mélancolique, dégradée par la vue des briques nues et du plâtre encore tout blanc, toucha Julien. Il s'arrêta en silence. A l'autre extrémité de la salle, près de l'unique fenêtre par laquelle le jour pénétrait, il vit un miroir mobile en acajou. Un jeune homme, en robe violette et en surplis de dentelle, mais la tête nue, était arrêté à trois pas de la glace. Ce meuble semblait étrange en un tel lieu, et, sans doute, y avait été apporté de la ville. Julien trouva que le jeune homme avait l'air irrité; de la main droite il donnait gravement des bénédictions du côté du miroir.

« Que peut signifier ceci? pensa-t-il. Est-ce une cérémonie préparatoire qu'accomplit ce jeune prêtre? C'est peut-être le secrétaire de l'évêque... il sera insolent comme les laquais... ma foi, n'importe, essayons. » **(16)**

Il avança et parcourut assez lentement la longueur de la salle, toujours la vue fixée vers l'unique fenêtre et regardant

---
QUESTIONS

15. Julien est-il lui-même d'humeur à plaisanter? En quoi va-t-il être victime d'un quiproquo? Pourquoi Stendhal s'attarde-t-il à suggérer un décor à cette scène? Caractérisez ce tableau.

16. Ce décor est-il décrit pour lui-même ou pour l'effet qu'il produit sur l'âme de Julien? — Quelle preuve nouvelle de l'extrême sensibilité de Julien nous donne ce passage? Pourquoi l'auteur envoie-t-il tout l'éclairage du tableau et dirige-t-il l'attention du lecteur sur le miroir d'acajou? Que comporte d'étrange et d'inattendu la première vision de l'évêque d'Agde surpris par Julien? La méprise de Julien : expliquez-en le comique. Que prouve-t-elle?

ce jeune homme qui continuait à donner des bénédictions exécutées lentement mais en nombre infini, et sans se reposer un instant.

À mesure qu'il approchait, il distinguait mieux son air fâché. La richesse du surplis garni de dentelle arrêta involontairement Julien à quelques pas du magnifique miroir.

« Il est de mon devoir de parler », se dit-il enfin; mais la beauté de la salle l'avait ému, et il était froissé d'avance des mots durs qu'on allait lui adresser.

Le jeune homme le vit dans la psyché, se retourna, et quittant subitement l'air fâché, lui dit du ton le plus doux :

« Eh bien! Monsieur, est-elle enfin arrangée? »

Julien resta stupéfait. Comme ce jeune homme se tournait vers lui, Julien vit la croix pectorale sur sa poitrine : c'était l'évêque d'Agde. « Si jeune, pensa Julien; tout au plus six ou huit ans de plus que moi!... »

Et il eut honte de ses éperons. **(17)**

« Monseigneur, répondit-il timidement, je suis envoyé par le doyen du chapitre, M. Chélan.

— Ah! il m'est fort recommandé, dit l'évêque d'un ton poli qui redoubla l'enchantement de Julien. Mais je vous demande pardon, Monsieur, je vous prenais pour la personne qui doit me rapporter ma mitre. On l'a mal emballée à Paris; la toile d'argent est horriblement gâtée dans le haut. Cela fera le plus vilain effet, ajouta le jeune évêque d'un air triste, et encore on me fait attendre!

— Monseigneur, je vais chercher la mitre, si Votre Grandeur le permet. »

Les beaux yeux de Julien firent leur effet.

« Allez, Monsieur, répondit l'évêque avec une politesse charmante; il me la faut sur-le-champ. Je suis désolé de faire attendre Messieurs du chapitre. »

Quand Julien fut arrivé au milieu de la salle, il se retourna vers l'évêque et le vit qui s'était remis à donner des bénédictions.

────── **QUESTIONS** ──────

17. En quoi cette scène a-t-elle un côté théâtral et nous fait-elle, par les coulisses, pénétrer dans l'intimité du jeune évêque? — Relevez les gestes, les attitudes et les accessoires qui font de cette scène une « répétition générale ». Quelle est à son tour la méprise de l'évêque? — Appréciez l'originalité de la présentation de ces deux personnages : chacun apercevant le reflet de l'autre dans un miroir. Pourquoi Julien est-il aussi stupéfait en reconnaissant l'évêque d'Agde? Pour quelles raisons a-t-il alors subitement *honte de ses éperons* (ligne 260)?

« Qu'est-ce que cela peut être? se demanda Julien, sans doute c'est une préparation ecclésiastique nécessaire à la cérémonie qui va avoir lieu. » Comme il arrivait dans la cellule où se tenaient les valets de chambre, il vit la mitre entre leurs mains. Ces messieurs, cédant malgré eux au regard impérieux de Julien, lui remirent la mitre de Monseigneur. **(18)**

Il se sentit fier de la porter : en traversant la salle, il marchait lentement; il la tenait avec respect. Il trouva l'évêque assis devant la glace; mais, de temps à autre, sa main droite, quoique fatiguée, donnait encore la bénédiction. Julien l'aida à placer sa mitre. L'évêque secoua la tête.

« Ah! elle tiendra, dit-il à Julien d'un air content. Voulez-vous vous éloigner un peu? »

Alors l'évêque alla fort vite au milieu de la pièce, puis se rapprochant du miroir à pas lents, il reprit l'air fâché, et donnait gravement des bénédictions.

Julien était immobile d'étonnement; il était tenté de comprendre, mais n'osait pas. L'évêque s'arrêta, et le regardant avec un air qui perdait rapidement de sa gravité :

« Que dites-vous de ma mitre, Monsieur, va-t-elle bien?
— Fort bien, Monseigneur.
— Elle n'est pas trop en arrière? cela aurait l'air un peu niais; mais il ne faut pas non plus la porter baissée sur les yeux comme un shako d'officier.
— Elle me semble aller fort bien. **(19)**
— Le roi de*** est accoutumé à un clergé vénérable et sans doute fort grave. Je ne voudrais pas, à cause de mon âge surtout, avoir l'air trop léger. »

QUESTIONS
---

18. Qu'est-ce qui touche Julien dans les paroles de l'évêque? Pourquoi? L'évêque s'adresse-t-il à Julien avec la plus grande simplicité ou avec une certaine coquetterie inattendue chez ce personnage? Quelle séduction inconsciente exerce toujours Julien? Pourquoi l'auteur prolonge-t-il l'étonnement et l'incompréhension de Julien? Ce petit incident qui a introduit Julien auprès de l'évêque est-il rédigé pour faire une digression comique ou a-t-il une importance du point de vue dramatique et psychologique?

19. Pourquoi Julien se sent-il honoré de porter à son destinataire ce signe extérieur de l'épiscopat? En quoi toute cette scène pourrait-elle illustrer tout ce que doivent à l'apparence les « grandeurs d'établissement » : l'hermine des juges, la couronne des rois, et tout ce qui selon Pascal ne mérite qu'un « respect d'établissement » (voir *Pensées*, p. 236, Ed. Brunschvicg)? Comment est accentué le comique de cette scène?

Et l'évêque se mit de nouveau à marcher en donnant des bénédictions.

« C'est clair, dit Julien, osant enfin comprendre, il s'exerce à donner la bénédiction. »

Après quelques instants :

« Je suis prêt, dit l'évêque. Allez, Monsieur, avertir M. le Doyen et Messieurs du chapitre. » **(20)**

Bientôt M. Chélan, suivi des deux curés les plus âgés, entra par une fort grande porte magnifiquement sculptée, et que Julien n'avait pas aperçue. Mais cette fois il resta à son rang, le dernier de tous, et ne put voir l'évêque que par-dessus les épaules des ecclésiastiques qui se pressaient en foule à cette porte. **(21)**

L'évêque traversait lentement la salle; lorsqu'il fut arrivé sur le seuil les curés se formèrent en procession. Après un petit moment de désordre, la procession commença à marcher en entonnant un psaume. L'évêque s'avançait le dernier entre M. Chélan et un autre curé fort vieux. Julien se glissa tout à fait près de Monseigneur, comme attaché à l'abbé Chélan. On suivit les longs corridors de l'abbaye de Bray-le-Haut; malgré le soleil éclatant, ils étaient sombres et humides. On arriva enfin au portique du cloître. Julien était stupéfait d'admiration pour une si belle cérémonie. L'ambition réveillée par le jeune âge de l'évêque, la sensibilité et la politesse exquise de ce prélat se disputaient son cœur. Cette politesse était bien autre chose que celle de M. de Rênal, même dans ses bons jours. « Plus on s'élève vers le premier rang de la société, se dit Julien, plus on trouve de ces manières charmantes. » **(22)**

QUESTIONS

20. L'évêque, d'après vous, donne-t-il la véritable raison de son comportement? Pourquoi la présence de Julien n'a-t-elle pas arrêté cette *répétition?* — Pourquoi Julien a-t-il tellement tardé à comprendre? Le jeune évêque a-t-il bien préparé son « entrée en scène »?

21. Un incident avait presque promu Julien au rôle de confident du théâtre classique. Comment retombe-t-il à son rang dans la réalité et dans la société?

22. Malgré une extrême sobriété de détails, l'évocation de cette procession en marche n'est pas dépourvue d'un certain réalisme. Relevez les expressions qui le prouvent. L'admiration de Julien vous semble-t-elle justifiée? Son ambition est-elle réveillée par des calculs froids et des raisons impersonnelles? Comment Julien soupçonne-t-il alors, en constatant la politesse exquise du jeune évêque, qu'il existe de plus grands modèles à son ambition que ceux que lui présente le petit monde de Verrières?

On entrait dans l'église par une porte latérale; tout à coup un bruit épouvantable fit retentir ses voûtes antiques; Julien crut qu'elles s'écroulaient. C'était encore la petite pièce de canon; traînée par huit chevaux au galop, elle venait d'arriver; et à peine arrivée, mise en batterie par les canonniers de Leipsick, elle tirait cinq coups par minute, comme si les Prussiens eussent été devant elle.

Mais ce bruit admirable ne fit plus d'effet sur Julien, il ne songeait plus à Napoléon et à la gloire militaire. « Si jeune, pensait-il, être évêque d'Agde! mais où est Agde? et combien cela rapporte-t-il? deux ou trois cent mille francs peut-être. » **(23)**

Les laquais de Monseigneur parurent avec un dais magnifique, M. Chélan prit l'un des bâtons, mais dans le fait ce fut Julien qui le porta. L'évêque se plaça dessous. Réellement, il était parvenu à se donner l'air vieux; l'admiration de notre héros n'eut plus de bornes. « Que ne fait-on pas avec de l'adresse! » pensa-t-il.

Le roi entra. Julien eut le bonheur de le voir de très près. L'évêque le harangua avec onction, et sans oublier une petite nuance de trouble fort poli pour Sa Majesté.

Nous ne répéterons point la description des cérémonies de Bray-le-Haut; pendant quinze jours elles ont rempli les colonnes de tous les journaux du département. Julien apprit, par le discours de l'évêque, que le roi descendait de Charles le Téméraire.

Plus tard il entra dans les fonctions de Julien de vérifier les comptes de ce qu'avait coûté cette cérémonie. M. de La Mole, qui avait fait avoir un évêché à son neveu, avait voulu lui faire la galanterie de se charger de tous les frais. La seule cérémonie de Bray-le-Haut coûta trois mille huit cents francs. **(24)**

QUESTIONS

23. Pourquoi l'auteur rappelle-t-il dans ce tableau de la procession le bruit du canon qui avait retenti lors de la parade militaire du matin? — Pourquoi ce bruit n'excite-t-il plus l'imagination de Julien? — Quelle sorte de conversion est en train de s'opérer en lui?

24. Quels traits dénoncent l'ignorance de Julien et son admiration sans bornes? — Par quels termes le romancier traduit-il ici l'attention passionnée de Julien? Comment nous donne-t-il l'impression du côté théâtral et factice de cette scène? A-t-on le sentiment que le jeune évêque a joué son rôle à la perfection? Par quel biais Stendhal se dispense-t-il de toute description des cérémonies de Bray-le-Haut? Ce procédé vous semble-t-il donner plus ou moins de réalité à la scène? Quel détail matériel et très réaliste donne au lecteur une idée précise de la somptuosité de ces fêtes?

UN ROI À VERRIÈRES — 109

Après le discours de l'évêque et la réponse du roi, Sa Majesté se plaça sous le dais, ensuite elle s'agenouilla fort dévotement sur un coussin près de l'autel. Le chœur était environné de stalles, et les stalles élevées de deux marches sur le pavé. C'était sur la dernière de ces marches que Julien était assis aux pieds de M. Chélan, à peu près comme un caudataire[29] près de son cardinal, à la chapelle Sixtine[30], à Rome. Il y eut un *Te Deum*[31], des flots d'encens, des décharges infinies de mousqueterie[32] et d'artillerie; les paysans étaient ivres de bonheur et de piété. Une telle journée défait l'ouvrage de cent numéros des journaux jacobins[33].

Julien était à six pas du roi, qui réellement priait avec abandon. Il remarqua, pour la première fois, un petit homme au regard spirituel et qui portait un habit presque sans broderies. Mais il avait un cordon bleu de ciel par-dessus cet habit fort simple. Il était plus près du roi que beaucoup d'autres seigneurs, dont les habits étaient tellement brodés d'or, que, suivant l'expression de Julien, on ne voyait pas le drap. Il apprit quelques moments après que c'était M. de La Mole. Il lui trouva l'air hautain et même insolent. **(25)**

« Ce marquis ne serait pas poli comme mon joli évêque, pensa-t-il. Ah! l'état ecclésiastique rend doux et sage. Mais le roi est venu pour vénérer la relique, et je ne vois point de relique. Où sera saint Clément? »

Un petit clerc, son voisin, lui apprit que la vénérable relique était dans le haut de l'édifice dans une *chapelle ardente*[34].

« Qu'est-ce qu'une chapelle ardente? » se dit Julien.

Mais il ne voulut pas demander l'explication de ce mot. Son attention redoubla.

---

29. *Caudataire* : au sens propre, un servant dont l'office à Rome est de porter la queue de la robe d'un prélat; **30.** *Chapelle Sixtine* : célèbre chapelle du Vatican, due au pape Sixte IV et décorée par Michel-Ange; **31.** *Te Deum* : cantique d'action de grâces réservé aux cérémonies religieuses auxquelles on veut donner un éclat particulier; **32.** *Mousqueterie* : décharge de plusieurs fusils; **33.** *Journaux jacobins* : organes du parti libéral sous Charles X; **34.** *Chapelle ardente* : luminaire dont on entoure un catafalque sur une châsse de reliques.

QUESTIONS

25. A travers quel personnage sont vus et décrits les événements? Qu'est-ce qui frappe Julien dans l'attitude du roi? Pourquoi? Pourquoi, dans ce chapitre crucial pour l'orientation et l'avenir de Julien, l'auteur le met-il pour la première fois en présence du marquis de La Mole? Quels traits caractéristiques de ce personnage Stendhal a-t-il déjà soulignés? Relevez l'emploi parfaitement classique des temps dans ce récit.

En cas de visite d'un prince souverain, l'étiquette veut que les chanoines n'accompagnent pas l'évêque. Mais en se mettant en marche pour la chapelle ardente, Monseigneur d'Agde appela l'abbé Chélan; Julien osa le suivre.

Après avoir monté un long escalier, on parvint à une porte extrêmement petite, mais dont le chambranle gothique était doré avec magnificence. Cet ouvrage avait l'air fait de la veille. **(26)**

Devant la porte étaient réunies à genoux vingt-quatre jeunes filles, appartenant aux familles les plus distinguées de Verrières. Avant d'ouvrir la porte, l'évêque se mit à genoux au milieu de ces jeunes filles toutes jolies. Pendant qu'il priait à haute voix, elles semblaient ne pouvoir assez admirer ses belles dentelles, sa bonne grâce, sa figure si jeune et si douce. Ce spectacle fit perdre à notre héros ce qui lui restait de raison. En cet instant il se fût battu pour l'inquisition, et de bonne foi. La porte s'ouvrit tout à coup. La petite chapelle parut comme embrasée de lumière. On apercevait sur l'autel plus de mille cierges divisés en huit rangs séparés entre eux par des bouquets de fleurs. L'odeur suave de l'encens le plus pur sortait en tourbillon de la porte du sanctuaire. La chapelle dorée à neuf était fort petite, mais très élevée. Julien remarqua qu'il y avait sur l'autel des cierges qui avaient plus de quinze pieds de haut. Les jeunes filles ne purent retenir un cri d'admiration. On n'avait admis dans le petit vestibule de la chapelle que les vingt-quatre jeunes filles, les deux curés et Julien.

Bientôt le roi arriva, suivi du seul M. de La Mole et de son grand chambellan. Les gardes eux-mêmes restèrent en dehors, à genoux, et présentant les armes. **(27)**

Sa Majesté se précipita plutôt qu'elle ne se jeta sur le prie-Dieu. Ce fut alors seulement que Julien, collé contre la porte dorée, aperçut, par-dessous le bras nu d'une jeune fille, la charmante statue de saint Clément. Il était caché sous l'autel,

---

QUESTIONS

26. Par quel procédé de style passons-nous brusquement de la description extérieure jusqu'au cheminement des pensées de Julien? Quel effet produit à l'intérieur du récit le changement des temps et modes, dans ce bref monologue intérieur? Qu'a d'étonnant l'ignorance de Julien en pareille circonstance? Pourquoi se refuse-t-il à demander une explication? A quel moment l'auteur intervient-il dans le récit pour donner une explication du cours des événements? Est-ce la seule curiosité qui pousse Julien à suivre l'abbé Chélan?

Question 27, v. p. 111.

en costume de jeune soldat romain. Il avait au cou une large blessure d'où le sang semblait couler, l'artiste s'était surpassé; ses yeux mourants, mais pleins de grâce, étaient à demi fermés. Une moustache naissante ornait cette bouche charmante, qui
430 à demi fermée avait encore l'air de prier. A cette vue, la jeune fille voisine de Julien pleura à chaudes larmes, une de ses larmes tomba sur la main de Julien.

Après un instant de prières dans le plus profond silence, troublé seulement par le son lointain des cloches de tous les
435 villages à dix lieues à la ronde, l'évêque d'Agde demanda au roi la permission de parler. Il finit un petit discours fort touchant par des paroles simples, mais dont l'effet n'en était que mieux assuré. **(28)**

« N'oubliez jamais, jeunes chrétiennes, que vous avez vu
440 l'un des plus grands rois de la terre à genoux devant les serviteurs de ce Dieu tout-puissant et terrible. Ces serviteurs faibles, persécutés, assassinés sur la terre, comme vous le voyez par la blessure encore sanglante de saint Clément, ils triomphent au ciel. N'est-ce pas, jeunes chrétiennes, vous vous souviendrez
445 à jamais de ce jour? vous détesterez l'impie. A jamais vous serez fidèles à ce Dieu si grand, si terrible, mais si bon. »

A ces mots, l'évêque se leva avec autorité.

« Vous me le promettez? dit-il, en avançant le bras d'un air inspiré.
450 — Nous le promettons, dirent les jeunes filles, en fondant en larmes.

— Je reçois votre promesse au nom du Dieu terrible! »

─────── **QUESTIONS** ───────

27. Stendhal suggère à peine le décor, mais il choisit quand même quelques mots qui frappent l'imagination. Lesquels? Comment arrive-t-il à donner une impression de lieux plutôt qu'une vision précise? Comment Julien ressent-il ici l'influence extraordinaire de l'homme d'Église sur les fidèles? Montrez comment Julien, qui se veut toujours si prudent et si calculateur, est ici, en réalité, emporté par un mouvement d'enthousiasme? Stendhal a-t-il voulu dans ce passage célébrer les beautés et la magnificence du rituel catholique, et faire écho au *Génie du christianisme* de Chateaubriand? Sent-on la présence de l'auteur à travers son récit?

28. Étudiez l'effet produit par les deux verbes de mouvement dans la première phrase. Quel aspect des sentiments religieux du roi révèlent-ils? Quelle impression a voulu donner Stendhal dans sa description de la statue de saint Clément? Quelle courte remarque traduit sa pensée?
— Comment suggère-t-il cette sorte de « contagion » du sentiment religieux qui saisit les spectateurs? Quels sont les éléments visuels et auditifs de cette cérémonie qui ont agi sur la sensibilité des fidèles? — Pourquoi l'évêque choisit-il ce moment pour prononcer son petit discours?

112 — *LE ROUGE ET LE NOIR*

ajouta l'évêque d'une voix tonnante. Et la cérémonie fut terminée. **(29)**

455 Le roi lui-même pleurait. Ce ne fut que longtemps après que Julien eut assez de sang-froid pour demander où étaient les os du saint envoyés de Rome à Philippe le Bon, duc de Bourgogne. On lui apprit qu'ils étaient cachés dans la charmante figure de cire.

460 Sa Majesté daigna permettre aux demoiselles qui l'avaient accompagnée dans la chapelle de porter un ruban rouge sur lequel étaient brodés ces mots : Haine à l'impie, adoration perpétuelle.

M. de La Mole fit distribuer aux paysans dix mille bou-
465 teilles de vin. Le soir, à Verrières, les libéraux trouvèrent une raison pour illuminer cent fois mieux que les royalistes. Avant de partir, le roi fit une visite à M. de Moirod. **(30) (31)**

─────── QUESTIONS ───────

29. Pourquoi l'auteur a-t-il écrit au style direct la fin du discours de l'évêque? — Caractérisez cet échantillon de l'éloquence religieuse. Vous semble-t-il être un exemple de cette Restauration et des partisans de l'union toujours plus étroite du Trône et de l'Autel? Quelles conclusions pourra tirer Julien de ce discours? Qu'a de surprenant l'image du jeune évêque dans l'exercice de sa fonction pastorale? Comment Stendhal utilise-t-il les effets dramatiques du dialogue? Étudiez les indications d'attitudes et de ton du personnage.

30. Ne trouvez-vous pas dans ce passage quelques remarques impertinentes de l'auteur qui trahissent sa pensée libérale? — Quel tableau de la liesse populaire est suggéré en conclusion? Quel fait rappelle la dernière ligne du texte? Sur quelle impression nous laisse-t-elle?

31. Sur l'ensemble du chapitre XVIII. — Étudiez la composition de ce chapitre. Qu'est-ce qui en fait le lien et l'unité? Comment a-t-on pu dire à propos de Julien : « ses véritables joies sont puériles et militaires »? Montrez-le dans ce passage. Qu'est-ce qui tout au long du chapitre montre que Julien a conservé une certaine naïveté et même une âme d'enfant? Quelle est la valeur symbolique de l'ensemble du chapitre? Appréciez l'importance dramatique de ces événements et leur répercussion sur la suite du roman. Par quelle subtilité Stendhal a-t-il placé son héros, par une rencontre unique, au milieu des personnages qui serviront de tremplin à son ambition? Peut-on considérer que ce chapitre a une valeur documentaire et illustre bien le sous-titre du *Rouge : Chronique de 1830*? Étudiez la variété des tons du récit, l'importance du dialogue et la composition différente de chaque tableau.

Soulignez l'importance donnée ici au décor, qui semble démentir les habitudes du romancier. Étudiez, en particulier, la description du défilé de la garde d'honneur, le rythme des images et le rétrécissement du champ visuel depuis le « panoramique » du début jusqu'au « gros plan » sur Julien, qui fait par avance songer à une transposition du roman au cinéma.

Relevez les traces discrètes de l'ironie de l'auteur tout au long du chapitre. Soupçonne-t-on l'anticléricalisme de son auteur?

« Je viens pour être précepteur, Madame. »
Gérard Philipe (Julien Sorel) et Danielle Darrieux (Mme de Rênal)
dans le film de Claude Autant-Lara.

RÉSUMÉ DES CHAPITRES XIX A XXI

Après cette journée mémorable, les commentaires du Tout-Verrières vont leur train. On soupçonne à mi-voix la raison véritable qui a fait *bombarder* dans la garde d'honneur le fils du charpentier Sorel. Puis, le jeune Stanislas-Xavier tombe malade, et Mme de Rênal, frappée dans son amour maternel, connaît les plus grands remords de ce que, sans hypocrisie, elle nomme son péché. Sans la présence d'esprit de Julien, elle aurait tout avoué à son mari. On essaie d'éloigner Julien, mais il est rappelé deux jours après, et les deux amants connaissent les tourments et les délices de leur amour coupable. Mais Élisa, la femme de chambre que Julien a écartée, trahit leur secret à l'ennemi juré de M. de Rênal, M. Valenod. Celui-ci adresse au mari bafoué des lettres anonymes qui ne lui laissent point de doute sur son infortune. Dans cette situation désespérée, Mme de Rênal, transformée par la passion, imagine une ligne de conduite que Julien n'aurait pas mieux ourdie. Devinant que les lettres anonymes venaient de M. Valenod, elle fait confectionner par Julien et s'adresse à elle-même une lettre « anonyme » dans le style du directeur. Celle-ci est destinée à détourner les soupçons de M. de Rênal. Elle trouve son mari abîmé dans les réflexions que lui inspire son malheur et qu'il exprime sous la forme d'un monologue intérieur. Enfin, après une longue stratégie au cours de laquelle elle se révèle digne de Julien, Mme de Rênal remporte à son tour une bataille. Elle détourne la colère et les soupçons de M. de Rênal, qui de Julien passent à M. Valenod, son ennemi personnel ; en flattant à la fois la vanité et la cupidité de son mari, elle réussit à se rendre maîtresse de la situation. Aussi décide-t-on d'éloigner quelques jours Julien en l'envoyant à Verrières.

CHAPITRE XXII

FAÇONS D'AGIR EN 1830

> La parole a été donnée à l'homme
> pour cacher sa pensée.
>
> R. P. MALAGRIDA.

A peine arrivé à Verrières, Julien se reprocha son injustice envers Mme de Rênal. « Je l'aurais méprisée comme une femmelette, si, par faiblesse, elle avait manqué sa scène avec M. de Rênal ! Elle s'en tire comme un diplomate, et je sympathise
5 avec le vaincu qui est mon ennemi. Il y a dans mon fait petitesse bourgeoise ; ma vanité est choquée, parce que M. de Rênal

est un homme! illustre et vaste corporation à laquelle j'ai l'honneur d'appartenir; je ne suis qu'un sot. » **(1)**

M. Chélan avait refusé les logements que les libéraux les plus considérés du pays lui avaient offerts à l'envi, lorsque sa destitution le chassa du presbytère. Les deux chambres qu'il avait louées étaient encombrées par ses livres. Julien, voulant montrer à Verrières ce que c'était qu'un prêtre[35], alla prendre chez son père une douzaine de planches de sapin, qu'il porta lui-même sur le dos tout le long de la grande rue. Il emprunta des outils à un ancien camarade, et eut bientôt bâti une sorte de bibliothèque, dans laquelle il rangea les livres de M. Chélan.

« Je te croyais corrompu par la vanité du monde, lui disait le vieillard pleurant de joie; voilà qui rachète bien l'enfantillage de ce brillant uniforme de garde d'honneur qui t'a fait tant d'ennemis. » **(2)** [...]

[Le plan de Mme de Rênal réussit au-delà de ses espérances. Dans ce court exil à Verrières, Julien reçoit la visite et les propositions les plus flatteuses du sous-préfet de Maugiron, puis de M. Valenod, le jésuite en robe courte. Mais la prudence cauteleuse de Julien triomphe des avances hypocrites de ce dernier. Pourtant, il accepte l'invitation du directeur du dépôt, puisqu'on lui a donné l'ordre de *paraître* à Verrières.]

[...] Jamais Julien n'était allé chez cet homme; quelques jours seulement auparavant, il ne songeait qu'aux moyens de lui donner une volée de coups de bâton sans se faire une affaire en police correctionnelle. Quoique le dîner ne fût indiqué que pour une heure, Julien trouva plus respectueux de se

---

[35]. Stendhal ici reprend des paroles prononcées par La Mennais en 1826.

QUESTIONS

1. Quel sentiment pousse Julien à rendre hommage à Mme de Rênal? N'y a-t-il pas une nuance cornélienne dans ce sentiment? Quel reproche Julien s'adresse-t-il? Appréciez-le. Est-il capable d'ironie à son propre égard?

2. La Mennais, en 1826, avait déclaré : « J'apprendrai au monde ce que c'est qu'un prêtre. » Pourquoi Stendhal reprend-il au compte de Julien ce mot célèbre à peine transposé au style indirect? Que nous apprend-il sur la psychologie et les opinions de Julien? Quel clin d'œil l'auteur a-t-il adressé ainsi aux lecteurs de son temps? Julien montre-t-il à M. Chélan une affection sincère? Pourquoi?

présenter dès midi et demi dans le cabinet de travail de M. le directeur du dépôt. Il le trouva étalant son importance au milieu d'une foule de cartons. Ses gros favoris noirs, son énorme quantité de cheveux, son bonnet grec placé de travers sur le haut de la tête, sa pipe immense, ses pantoufles brodées, les grosses chaînes d'or croisées en tous sens sur sa poitrine, et tout cet appareil d'un financier de province, qui se croit homme à bonnes fortunes, n'imposaient point à Julien; il n'en pensait que plus aux coups de bâton qu'il lui devait. (3)

Il demanda l'honneur d'être présenté à Mme Valenod; elle était à sa toilette et ne pouvait recevoir. Par compensation, il eut l'avantage d'assister à celle de M. le directeur du dépôt. On passa ensuite chez Mme Valenod, qui lui présenta ses enfants les larmes aux yeux. Cette dame, l'une des plus considérables de Verrières, avait une grosse figure d'homme, à laquelle elle avait mis du rouge pour cette grande cérémonie. Elle y déploya tout le pathos maternel.

Julien pensait à Mme de Rênal. Sa méfiance ne le laissait guère susceptible que de ce genre de souvenirs qui sont appelés par les contrastes, mais alors il en était saisi jusqu'à l'attendrissement. Cette disposition fut augmentée par l'aspect de la maison du directeur du dépôt. On la lui fit visiter. Tout y était magnifique et neuf, et on lui disait le prix de chaque meuble. Mais Julien y trouvait quelque chose d'ignoble et qui sentait l'argent volé. Jusqu'aux domestiques, tout le monde y avait l'air d'assurer sa contenance contre le mépris.

Le percepteur des contributions, l'homme des impositions indirectes, l'officier de gendarmerie et deux ou trois autres fonctionnaires publics arrivèrent avec leurs femmes. Ils furent suivis de quelques libéraux riches. On annonça le dîner. Julien, déjà fort mal disposé, vint à penser que, de l'autre côté du mur de la salle à manger, se trouvaient de pauvres détenus, sur la portion de viande desquels on avait peut-être *grivelé* pour

---
QUESTIONS

3. Dans quelles dispositions d'esprit Julien arrive-t-il chez son hôte? Quelles raisons diverses a-t-il d'être prévenu contre lui? En quelques lignes, l'auteur a brossé le portrait caricatural du personnage du directeur : quels traits moraux révèlent ses caractéristiques physiques? Comment Stendhal rend-il sensible l'impression première que cause sur Julien la physionomie de celui-ci? N'y a-t-il point quelques traits du personnage qui, physiquement et moralement, suggèrent le rapprochement avec M. Homais dans *Madame Bovary*? Comment le personnage de M. Valenod, rival de M. de Rênal, sert-il de « repoussoir » à celui-ci?

acheter tout ce luxe de mauvais goût dont on voulait l'étourdir. (4)

« Ils ont faim peut-être en ce moment », se dit-il à lui-même ; sa gorge se serra, il lui fut impossible de manger et presque de parler. Ce fut bien pis un quart d'heure après ; on entendait de loin en loin quelques accents d'une chanson populaire, et, il faut l'avouer, un peu ignoble, que chantait l'un des reclus. M. Valenod regarda un de ses gens en grande livrée, qui disparut, et bientôt on n'entendit plus chanter. Dans ce moment, un valet offrait à Julien du vin du Rhin, dans un verre vert, et Mme Valenod avait soin de lui faire observer que ce vin coûtait neuf francs la bouteille pris sur place. Julien, tenant son verre vert, dit à M. Valenod :

« On ne chante plus cette vilaine chanson.

— Parbleu ! je le crois bien, répondit le directeur triomphant, j'ai fait imposer silence aux gueux. »

Ce mot fut trop fort pour Julien ; il avait les manières, mais non pas encore le cœur de son état. Malgré toute son hypocrisie si souvent exercée, il sentit une grosse larme couler le long de sa joue. (5)

Il essaya de la cacher avec le verre vert, mais il lui fut absolument impossible de faire honneur au vin du Rhin. « *L'empêcher de chanter !* se disait-il à lui-même, ô mon Dieu ! et tu le souffres ! »

Par bonheur, personne ne remarqua son attendrissement de mauvais ton. Le percepteur des contributions avait entonné une chanson royaliste. Pendant le tapage du refrain, chanté en chœur : « Voilà donc, se disait la conscience de Julien, la sale fortune à laquelle tu parviendras, et tu n'en jouiras qu'à

QUESTIONS

4. En trois courtes phrases, Stendhal présente Mme Valenod. Comment son physique et son attitude révèlent-ils son manque de distinction ? Comprenez-vous l'*attendrissement* de Julien ? Appréciez l'habileté avec laquelle l'auteur use des antithèses et des contrastes ? Quelles brèves indications prouvent rapidement que la maison et la maisonnée sont à l'image des maîtres du logis ? Quel effet produit l'énoncé des titres et professions de ses invités ? Dans quel milieu nous sentons-nous conviés ? Quelle valeur prend l'adjectif qualificatif *riches* placé en fin de phrase après le substantif *libéraux*, ligne 57 ? Comment ce passage souligne-t-il que le goût de Julien s'est formé chez Mme de Rênal et qu'il est capable de juger ce luxe de parvenus ?

5. Qu'est-ce qui suggère à Julien qu'on cherche bien à faire impression sur lui ? Analysez la sensibilité de Julien ? Serait-il, malgré son ambition, capable de faire fortune à n'importe quel prix et par n'importe quel moyen ?

cette condition et en pareille compagnie! Tu auras peut-être une place de vingt mille francs, mais il faudra que, pendant que tu te gorges de viandes, tu empêches de chanter le pauvre prisonnier; tu donneras à dîner avec l'argent que tu auras volé sur sa misérable pitance, et pendant ton dîner il sera encore plus malheureux! — O Napoléon! qu'il était doux de ton temps de monter à la fortune par les dangers d'une bataille; mais augmenter lâchement la douleur du misérable! »

J'avoue que la faiblesse dont Julien fait preuve dans ce monologue me donne une pauvre opinion de lui. Il serait digne d'être le collègue de ces conspirateurs en gants jaunes, qui prétendent changer toute la manière d'être d'un grand pays, et ne veulent pas avoir à se reprocher la plus petite égratignure. **(6)**

Julien fut violemment rappelé à son rôle. Ce n'était pas pour rêver et ne rien dire qu'on l'avait invité à dîner en si bonne compagnie.

Un fabricant de toiles peintes retiré, membre correspondant de l'académie de Besançon et de celle d'Uzès, lui adressa la parole, d'un bout de la table à l'autre, pour lui demander si ce que l'on disait généralement de ses progrès étonnants dans l'étude du Nouveau Testament était vrai.

Un silence profond s'établit tout à coup; un Nouveau Testament latin se rencontra comme par enchantement dans les mains du savant membre de deux académies. Sur la réponse de Julien, une demi-phrase latine fut lue au hasard. Il récita : sa mémoire se trouva fidèle, et ce prodige fut admiré avec toute la bruyante énergie de la fin d'un dîner. Julien regardait la figure enluminée des dames; plusieurs n'étaient pas mal. Il avait distingué la femme du percepteur beau chanteur. **(7)**

« J'ai honte, en vérité, de parler si longtemps latin devant ces dames, dit-il en la regardant. Si M. Rubigneau, c'était le membre des deux académies, a la bonté de lire au hasard une

---
QUESTIONS

6. Julien peut-il être accusé de sécheresse de cœur? Comment l'auteur fait-il ressortir la générosité de son héros? Vous paraît-il dans cette scène digne de son maître Tartuffe? Dans ce court monologue intérieur, Julien se montre digne héritier des idées révolutionnaires et, par besoin de justice sociale, il prend la défense des déshérités. Pourquoi? Expliquez l'intervention de l'auteur pour juger son personnage? Juge-t-il son attendrissement ou ses idées? De quel point de vue se place-t-il?

Question 7, v. p. 119.

phrase latine, au lieu de répondre en suivant le texte latin, j'essaierai de le traduire impromptu. »

125 Cette seconde épreuve mit le comble à sa gloire. **(8)**

Il y avait là plusieurs libéraux riches, mais heureux pères d'enfants susceptibles d'obtenir des bourses, et en cette qualité subitement convertis depuis la dernière mission. Malgré ce trait de fine politique, jamais M. de Rênal n'avait voulu
130 les recevoir chez lui. Ces braves gens qui ne connaissaient Julien que de réputation et pour l'avoir vu à cheval le jour de l'entrée du roi de***, étaient ses plus bruyants admirateurs. « Quand ces sots se lasseront-ils d'écouter ce style biblique, auquel ils ne comprennent rien ? » pensait-il. Mais au contraire
135 ce style les amusait par son étrangeté ; ils en riaient. Mais Julien se lassa.

Il se leva gravement comme six heures sonnaient et parla d'un chapitre de la nouvelle théologie de Ligorio, qu'il avait à apprendre pour le réciter le lendemain à M. Chélan. « Car
140 mon métier, ajouta-t-il agréablement, est de faire réciter des leçons et d'en réciter moi-même. » **(9)**

On rit beaucoup, on admira ; tel est l'esprit à l'usage de Verrières. Julien était déjà debout, tout le monde se leva malgré le décorum ; tel est l'empire du génie. Mme Valenod le
145 retint encore un quart d'heure ; il fallait bien qu'il entendît les enfants réciter leur catéchisme ; ils firent les plus drôles de confusions, dont lui seul s'aperçut. Il n'eut garde de les relever. « Quelle ignorance des premiers principes de la religion ! »

───────── **QUESTIONS** ─────────

7. Comment l'énergie reprend-elle le dessus dans l'âme troublée de Julien ? Quelle expérience révèle ici l'ironie de l'auteur ? Quel sentiment vous procure Julien à reprendre son rôle ? Ce n'est pas la première fois que Julien se taille un succès avec sa mémoire imperturbable. Soulignez le comique de la répétition. Comment l'auteur nous donne-t-il également l'impression que Julien a perfectionné une tactique et des mérites de bon menteur ? N'a-t-on pas l'impression que celui-ci cherche à plaisir à compliquer son numéro devant un parterre facilement ébloui ?

8. L'auteur n'a-t-il pas souligné que son héros a acquis de la hardiesse et même une certaine suffisance ? A-t-il pourtant réussi à le rendre ridicule, même s'il se conduit un peu comme un charlatan ? Pourquoi ? Quelle est la grande différence entre Julien et ses bruyants admirateurs ? Pourquoi celui-ci ne sera-t-il jamais un parvenu ?

9. Qu'est-ce qui, dans son public, encourage la froideur inquiétante de Julien ? — Comment l'auteur, qui nous fait pénétrer dans les pensées de Julien, a-t-il réussi à nous montrer le dédoublement du personnage, illustrant ainsi le *Paradoxe sur le comédien*.

pensait-il. Il saluait enfin et croyait pouvoir s'échapper; mais
il fallut essuyer une fable de La Fontaine.

« Cet auteur est bien immoral, dit Julien à Mme Valenod, certaine fable sur messire Jean Chouart ose déverser le ridicule sur ce qu'il y a de plus vénérable. Il est vivement blâmé par les meilleurs commentateurs. » **(10)**

Julien reçut avant de sortir quatre ou cinq invitations à dîner. « Ce jeune homme fait honneur au département », s'écriaient tous à la fois les convives fort égayés. Ils allèrent jusqu'à parler d'une pension votée sur les fonds communaux, pour le mettre à même de continuer ses études à Paris.

Pendant que cette idée imprudente faisait retentir la salle à manger, Julien avait gagné lestement la porte cochère. « Ah! canaille! canaille! » s'écria-t-il à voix basse trois ou quatre fois de suite, en se donnant le plaisir de respirer l'air frais. **(11)**

Il se trouvait tout aristocrate en ce moment, lui qui pendant longtemps avait été tellement choqué du sourire dédaigneux et de la supériorité hautaine qu'il découvrait au fond de toutes les politesses qu'on lui adressait chez M. de Rênal. Il ne put s'empêcher de sentir l'extrême différence. « Oublions même, se disait-il en s'en allant, qu'il s'agit d'argent volé aux pauvres détenus, et encore qu'on empêche de chanter! Jamais M. de Rênal s'avisa-t-il de dire à ses hôtes le prix de chaque bouteille de vin qu'il leur présente? Et ce M. Valenod, dans l'énumération de ses propriétés, qui revient sans cesse, il ne peut parler de sa maison, de son domaine, etc., si sa femme est présente, sans dire *ta* maison, *ton* domaine. »

Cette dame, apparemment si sensible au plaisir de la propriété, venait de faire une scène abominable, pendant le dîner,

─────── **QUESTIONS** ───────

10. L'auteur à travers son héros n'a-t-il pas voulu traduire ses propres sentiments devant les petits esprits d'une petite ville? En quoi ce trait est-il autobiographique? Julien est-il admiré comme un précepteur ou comme une véritable « vedette » locale? A qui s'adresse l'ironie de Stendhal lorsqu'il écrit : *Tel est l'empire du génie?* — Julien lui-même joue-t-il ici le rôle du précepteur modèle? Quels sont les traits qui le prouvent? Quel rôle s'impose-t-il au contraire quand il condamne La Fontaine?

11. Dans ses commentaires pour faire ressortir le succès de Julien, Stendhal ne rejoint-il pas le ton de Flaubert célébrant le triomphe assuré de l'universelle sottise? Julien apprécie-t-il l'honneur qui lui est fait? Comment manifeste-t-il son indignation? Stendhal ne met-il pas dans la bouche de son héros une exclamation qu'il aurait pu faire sienne? (Voir *Vie de Henry Brulard*, chap. XIII : « Je dirais comme Julien : *Canaille! Canaille! Canaille!* »)

à un domestique qui avait cassé un verre à pied et *dépareillé une de ses douzaines;* et ce domestique avait répondu avec la dernière insolence.

« Quel ensemble! se disait Julien; ils me donneraient la moitié de tout ce qu'ils volent, que je ne voudrais pas vivre avec eux. Un beau jour, je me trahirais; je ne pourrais retenir l'expression du dédain qu'ils m'inspirent. » **(12) (13)** [...]

[Après avoir subi plusieurs invitations de ce genre, Julien est pardonné, ou presque, du scandale causé par un habit de garde d'honneur. Aussi reprend-il sa place dans la famille de M. de Rênal. Celui-ci, cependant, se sent piqué de la douce intimité qu'il surprend chez lui en son absence. Mais il ne veut pas s'exposer à voir Julien engagé comme précepteur chez son rival, M. Valenod.]

CHAPITRE XXIII

LES CHAGRINS D'UN FONCTIONNAIRE

[Dans cet état de tension, la vie reprend cependant. De malheureuses adjudications compromettent M. de Rênal. Celui-ci rentre chez lui fort morose. Julien a assisté aux enchères et s'est même fait traiter d'*espion de M. le maire.*]

[...] Le dîner se passa sans mot dire. M. de Rênal ordonna à Julien de suivre les enfants à Vergy, le voyage fut triste. Mme de Rênal consolait son mari :

« Vous devriez y être accoutumé, mon ami. »

Le soir, on était assis en silence autour du foyer domestique; le bruit du hêtre enflammé était la seule distraction. C'était un des moments de tristesse qui se rencontrent dans les familles les plus unies. Un des enfants s'écria joyeusement :

« On sonne! on sonne!

─────── **QUESTIONS** ───────

12. Que conclure de la violente antipathie que Julien éprouve pour ses hôtes? — Peut-elle laisser supposer le rôle de M. de Valenod dans le procès de Besançon? (Voir livre II, chapitre XLI.)

13. SUR L'ENSEMBLE DU CHAPITRE XXII. — La satire sociale et politique dans ce chapitre. En quoi les personnages évoqués sont-ils représentatifs de leur époque? — La verve caricaturale de l'auteur : comment s'exerce-t-elle à l'égard de M. Valenod, personnage secondaire? — L'intérêt de ce passage du point de vue de la psychologie de Julien. — La part des souvenirs autobiographiques. Quelles conclusions vous suggère ce chapitre sur la parenté de l'auteur et de son héros?

122 — *LE ROUGE ET LE NOIR*

— Morbleu! si c'est M. de Saint-Giraud qui vient me relancer sous prétexte de remerciement, s'écria le maire, je lui dirai son fait; c'est trop fort. C'est au Valenod qu'il en aura l'obligation, et c'est moi qui suis compromis. Que dire, si ces maudits journaux jacobins vont s'emparer de cette anecdote, et faire de moi un M. Nonante-cinq[36]? »

Un fort bel homme, aux gros favoris noirs, entrait en ce moment à la suite du domestique. (1)

« Monsieur le maire, je suis il signor Geronimo[37]. Voici une lettre que M. le chevalier de Beauvaisis, attaché à l'ambassade de Naples, m'a remise pour vous à mon départ; il n'y a que neuf jours, ajouta le signor Geronimo, d'un air gai, en regardant Mme de Rênal. Le signor de Beauvaisis, votre cousin, et mon bon ami, Madame, dit que vous savez l'italien. »

La bonne humeur du Napolitain changea cette triste soirée en une soirée fort gaie. Mme de Rênal voulut absolument lui donner à souper. Elle mit toute sa maison en mouvement; elle voulait à tout prix distraire Julien de la qualification d'espion que, deux fois dans cette journée, il avait entendu retentir à son oreille. Le signor Geronimo était un chanteur célèbre, homme de bonne compagnie, et cependant fort gai, qualités qui, en France, ne sont guère plus compatibles. Il chanta après souper un petit duettino avec Mme de Rênal. Il fit des contes charmants. A une heure du matin les enfants se récrièrent, quand Julien leur proposa d'aller se coucher.

« Encore cette histoire, dit l'aîné.

— C'est la mienne, Signorino, reprit le signor Geronimo. Il y a huit ans, j'étais comme vous un jeune élève du conservatoire de Naples, j'entends j'avais votre âge; mais je n'avais

---

36. *M. Nonante-cinq.* Un magistrat marseillais, M. de Mérindol, avait fait condamner le pamphlétaire Barthélemy le 7 janvier 1830 à 1 000 francs d'amende et employé le terme *nonante-cinq*. Les libéraux l'avaient immédiatement ridiculisé sous ce nom; **37.** *Il signor Geronimo.* Ce personnage épisodique et tout à fait secondaire, que Stendhal, par une adresse toute balzacienne, réutilisera dans la seconde partie du roman, lui a été sans doute inspiré par le chanteur Lablache, qui devait, en novembre 1830, interpréter don Geronimo du *Mariage secret*. Stendhal était un fervent de Cimarosa.

━━━━━━━ **QUESTIONS** ━━━━━━━

1. La peinture du « cercle de famille », d'où Julien n'est pas exclu : reste-t-il cependant au premier plan dans cette scène? Pourquoi? Quelles rares épithètes affectives ou morales suffisent à suggérer l'atmosphère pesante qui prélude à l'arrivée de Geronimo? Quel effet produit l'arrivée du Napolitain?

pas l'honneur d'être le fils de l'illustre maire de la jolie ville
de Verrières. » (2)

Ce mot fit soupirer M. de Rênal, il regarda sa femme.

« Le signor Zingarelli[38], continua le jeune chanteur, outrant un peu son accent qui faisait pouffer de rire les enfants, le signor Zingarelli était un maître excessivement sévère. Il n'est pas aimé au Conservatoire; mais il veut qu'on agisse toujours comme si on l'aimait. Je sortais le plus souvent que je pouvais; j'allais au petit théâtre de San-Carlino, où j'entendais une musique des dieux : mais ô ciel! comment faire pour réunir les huit sous que coûte l'entrée du parterre? Somme énorme », dit-il en regardant les enfants, et les enfants de rire. « Le signor Giovannone[39], directeur de San-Carlino, m'entendit chanter. J'avais seize ans : « Cet enfant, il est un trésor, dit-il.

« Veux-tu que je t'engage, mon cher ami? vint-il me dire.

« — Et combien me donnerez-vous?

« — Quarante ducats par mois. Messieurs, c'est cent soixante « francs. » Je crus voir les cieux ouverts.

« — Mais comment, dis-je à Giovannone, obtenir que le « sévère Zingarelli me laisse sortir?

« — *Lascia fare a me.*

— Laissez faire à moi! s'écria l'aîné des enfants. (3)

— Justement, mon jeune seigneur. Le signor Giovannone il me dit : « Caro, d'abord un petit bout d'engagement. » Je signe : il me donne trois ducats. Jamais je n'avais vu tant d'argent. Ensuite, il me dit ce que je dois faire.

---

38. *Zingarelli* : personnage réel introduit par Stendhal dans son récit. Ce fut précisément, à Naples, le compositeur-directeur du conservatoire où le chanteur Lablache apprit ses rudiments; **39.** *Giovannone*. Il fut également un personnage réel : Giovanni Stile, et, comme dans le roman, directeur du théâtre San Carlino.

QUESTIONS

2. Quel effet produit sur chacun des personnages la jovialité du personnage? Pour quelle raison Mme de Rênal met-elle toute sa maison en mouvement? Comment, au passage, Stendhal introduit-il une appréciation chaleureuse du Napolitain? Appréciez le naturel et le brio avec lequel Geronimo entreprend de conter sa propre histoire non sans oublier un compliment flatteur à l'auteur et à son auditoire.

3. L'art du conteur dans ce passage : par quels moyens sont donnés la vie, le mouvement et la couleur à ce passage? — Comment ce récit devient-il une brillante improvisation digne de la *commedia dell'arte?* Soulignez le ton, les gestes, les mimiques et l'accent du personnage. (Stendhal ne peut s'empêcher d'écrire quelques mots d'italien. Pourquoi?)

« Le lendemain, je demande une audience au terrible signor Zingarelli. Son vieux valet de chambre me fait entrer.

« Que me veux-tu, mauvais sujet? dit Zingarelli.

« — Maestro, lui fis-je, je me repens de mes fautes; jamais « je ne sortirai du Conservatoire en passant par-dessus la grille « de fer. Je vais redoubler d'application.

« — Si je ne craignais pas de gâter la plus belle voix de basse « que j'aie jamais entendue, je te mettrais en prison au pain et « et à l'eau pour quinze jours, polisson.

« — Maestro, repris-je, je vais être le modèle de toute l'école, « *credete a me*. Mais je vous demande une grâce, si quelqu'un « vient me demander pour chanter dehors, refusez-moi. De « grâce, dites que vous ne pouvez pas.

« — Et qui diable veux-tu qui demande un mauvais garne- « ment tel que toi? Est-ce que je permettrai jamais que tu « quittes le Conservatoire? Est-ce que tu veux te moquer de « moi? Décampe, décampe! dit-il, en cherchant à me donner « un coup de pied au c... ou gare le pain sec et la prison. » **(4)**

« Une heure après, le signor Giovannone arrive chez le directeur :

« Je viens vous demander de faire ma fortune, lui dit-il, « accordez-moi Geronimo. Qu'il chante à mon théâtre, et cet « hiver je marie ma fille.

« — Que veux-tu faire de ce mauvais sujet? lui dit Zinga- « relli. Je ne veux pas; tu ne l'auras pas; et d'ailleurs, quand « j'y consentirais, jamais il ne voudra quitter le Conservatoire; « il vient de me le jurer.

« — Si ce n'est que de sa volonté qu'il s'agit, dit gravement « Giovannone en tirant de sa poche mon engagement, *carta* « *canta!* voici sa signature. »

« Aussitôt Zingarelli, furieux, se pend à sa sonnette : « Qu'on « chasse Geronimo du Conservatoire », cria-t-il, bouillant de colère. On me chassa donc, moi riant aux éclats. Le même soir, je chantai l'air *del Moltiplico*. Polichinelle veut se marier et compte, sur ses doigts, les objets dont il aura besoin dans son ménage, et il s'embrouille à chaque instant dans ce calcul.

QUESTIONS

4. Les dons dramatiques de Stendhal s'affirment dans ce passage. Par quel tour de force le récit disparaît-il pour laisser place à la pure comédie? Y a-t-il du Scapin dans ce personnage? Montrez-le. A qui profite la fourberie du signor Geronimo?

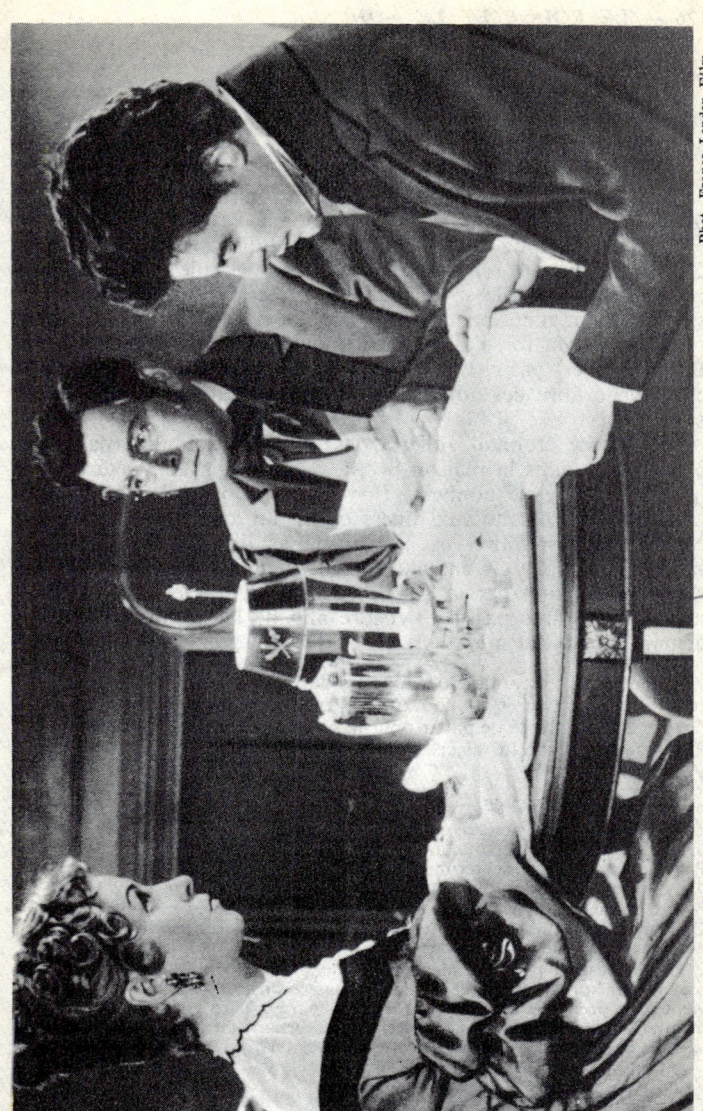

Julien Sorel (Gérard Philipe) chez les Rênal.

Phot. Franco London Film.

— Ah ! veuillez, Monsieur, nous chanter cet air », dit Mme de Rênal. **(5)**

Geronimo chanta, et tout le monde pleurait à force de rire. Il signor Geronimo n'alla se coucher qu'à deux heures du matin, laissant cette famille enchantée de ses bonnes manières, de sa complaisance et de sa gaieté.

Le lendemain, M. et Mme de Rênal lui remirent les lettres dont il avait besoin à la cour de France.

« Ainsi, partout de la fausseté, dit Julien. Voilà il signor Geronimo qui va à Londres avec soixante mille francs d'appointements. Sans le savoir-faire du directeur de San-Carlino, sa voix divine n'eût peut-être été connue et admirée que dix ans plus tard... Ma foi, j'aimerais mieux être un Geronimo qu'un Rênal. Il n'est pas si honoré dans la société, mais il n'a pas le chagrin de faire des adjudications comme celle d'aujourd'hui, et sa vie est gaie. » **(6)**

Une chose étonnait Julien : les semaines solitaires passées à Verrières, dans la maison de M. de Rênal, avaient été pour lui une époque de bonheur. Il n'avait rencontré le dégoût et les tristes pensées qu'aux dîners qu'on lui avait donnés ; dans cette maison solitaire, ne pouvait-il pas lire, écrire, réfléchir sans être troublé ? A chaque instant, il n'était pas tiré de ses rêveries brillantes par la cruelle nécessité d'étudier les mouvements d'une âme basse, et encore afin de la tromper par des démarches ou des mots hypocrites. **(7) (8)** [...]

[Cependant, le scandale des amours de Julien est connu à Verrières, et l'abbé Chélan, mis au courant par une confession d'Élisa, donne l'ordre à son protégé de partir pour le séminaire de Besançon. Mme de Rênal se sépare de lui glacée de douleur. Enfin, Julien, navré, quitte Verrières.]

QUESTIONS
---

5. Comment ce passage constitue-t-il le canevas d'une farce digne de Molière ? Pourriez-vous faire le découpage des différentes scènes ? Par quelle pirouette se termine ce conte ? Comment revient-il s'insérer dans le cours du récit de Stendhal ?

6. Comment Julien réapparaît-il dans ce récit après cet intermède ? Quelles conclusions morales tire-t-il du récit de Geronimo ? A-t-il vraiment senti de quoi est faite la gaieté du chanteur ?

7. Quel est le point de départ des méditations de Julien et de son bref retour sur lui-même et sur sa vie passée chez les Rênal ? Comment vient-il à prendre conscience qu'il était heureux chez eux ? Cette courte méditation de Julien traduit le regret et une certaine mélancolie : comment le style de ce passage traduit-il cette impression ?

Question 8, v. p. 127.

RÉSUMÉ DU CHAPITRE XXIV

L'arrivée à Besançon le distrait de ses sombres pensées. Même s'il se sent un petit paysan dans cette capitale provinciale, sa timidité est bientôt vaincue. Notre futur séminariste, servi par sa prodigieuse mémoire, fait, en récitant *la Nouvelle Héloïse*, la conquête d'une demoiselle de café, Mlle Amanda, qui l'assure de sa protection. Mais il lui faut pourtant se diriger vers le séminaire.

CHAPITRE XXV

LE SÉMINAIRE

> Trois cent trente-six dîners à 83 centimes, trois cent trente-six soupers à 38 centimes, du chocolat à qui de droit ; combien y a-t-il à gagner sur la soumission !
>
> Le VALENOD de Besançon.

Il vit de loin la croix de fer doré sur la porte ; il approcha lentement ; ses jambes semblaient se dérober sous lui. Voilà donc cet enfer sur la terre, dont je ne pourrai sortir ! Enfin il se décida à sonner. Le bruit de la cloche retentit comme dans
5 un lieu solitaire. Au bout de dix minutes, un homme pâle, vêtu de noir, vint lui ouvrir. Julien le regarda et aussitôt baissa les yeux. Ce portier avait une physionomie singulière. La pupille saillante et verte de ses yeux s'arrondissait comme celle d'un chat ; les contours immobiles de ses paupières annonçaient
10 l'impossibilité de toute sympathie ; ses lèvres minces se développaient en demi-cercle sur des dents qui avançaient. Cependant cette physionomie ne montrait pas le crime, mais plutôt cette insensibilité parfaite, qui inspire bien plus de terreur à

— QUESTIONS —

8. SUR L'ENSEMBLE DU CHAPITRE XXIII. — Originalité de ce chapitre, qui s'insère dans l'action à un moment où à l'intérieur de l'intrigue se fait sentir le besoin de détente. Valeur d'antithèse de ces pages par rapport aux chapitres précédents.

Ce personnage épisodique de Geronimo a-t-il une esquisse de psychologie ou demeure-t-il simplement une marionnette, comme le Polichinelle qu'il interprète ?

Que révèle des goûts de l'auteur ce personnage de chanteur d'opéra ? L'introduction d'un élément de fantaisie et de « vie de bohème ». Julien est-il capable d'apprécier la désinvolture du Napolitain ? Cette attitude n'est-elle pas en contradiction avec le personnage de Julien ?

la jeunesse. Le seul sentiment que le regard rapide de Julien put deviner sur cette longue figure dévote fut un mépris profond pour tout ce dont on voudrait lui parler, et qui ne serait pas l'intérêt du ciel.

Julien releva les yeux avec effort, et d'une voix que le battement de cœur rendait tremblante, il expliqua qu'il désirait parler à M. Pirard[40], le directeur du séminaire. Sans dire une parole, l'homme noir lui fit signe de le suivre (1). Ils montèrent deux étages par un large escalier à rampe de bois, dont les marches déjetées penchaient tout à fait du côté opposé au mur, et semblaient prêtes à tomber. Une petite porte, surmontée d'une grande croix de cimetière en bois blanc peint en noir, fut ouverte avec difficulté, et le portier le fit entrer dans une chambre sombre et basse, dont les murs blanchis à la chaux étaient garnis de deux grands tableaux noircis par le temps. Là, Julien fut laissé seul; il était atterré, son cœur battait violemment; il eût été heureux d'oser pleurer. Un silence de mort régnait dans toute la maison.

Au bout d'un quart d'heure, qui lui parut une journée, le portier à figure sinistre reparut sur le pas d'une porte à l'autre extrémité de la chambre, et, sans daigner parler, lui fit signe d'avancer. Il entra dans une pièce encore plus grande que la première et fort mal éclairée. Les murs aussi étaient blanchis; mais il n'y avait pas de meubles. Seulement dans un coin près de la porte, Julien vit en passant un lit de bois blanc, deux chaises de paille, et un petit fauteuil en planches de sapin sans coussin. A l'autre extrémité de la chambre, près d'une petite fenêtre, à vitres jaunies, garnie de vases de fleurs tenus salement, il aperçut un homme assis devant une table, et couvert d'une soutane délabrée; il avait l'air en colère, et prenait l'un après l'autre une foule de petits carrés de papier qu'il rangeait sur sa table, après y avoir écrit quelques mots. Il ne s'apercevait pas de la présence de Julien. Celui-ci était immo-

---

40. *M. Pirard :* personnage d'ecclésiastique noble et sévère. Julien deviendra son protégé et, grâce à l'abbé, entrera à l'hôtel de La Mole.

QUESTIONS

1. Dans quel état d'esprit Julien aborde-t-il le séminaire? Quel détail à valeur symbolique Stendhal reprend-il deux fois dans ce chapitre? Montrez que Stendhal choisit toujours quelques traits concrétisant l'expression de physionomie et que le physique du personnage même secondaire traduit toujours le moral? — Qu'a de repoussant cette figure de portier?

bile, debout vers le milieu de la chambre, là où l'avait laissé le portier, qui était ressorti en fermant la porte. (2)

Dix minutes se passèrent ainsi; l'homme mal vêtu écrivait toujours. L'émotion et la terreur de Julien étaient telles, qu'il lui semblait être sur le point de tomber. Un philosophe eût dit, peut-être en se trompant : « C'est la violente impression du laid sur une âme faite pour aimer ce qui est beau. »

L'homme qui écrivait leva la tête; Julien ne s'en aperçut qu'au bout d'un moment, et même, après l'avoir vu, il restait encore immobile comme frappé à mort par le regard terrible dont il était l'objet. Les yeux troublés de Julien distinguaient à peine une figure longue et toute couverte de taches rouges, excepté sur le front, qui laissait voir une pâleur mortelle. Entre ces joues rouges et ce front blanc, brillaient deux petits yeux noirs faits pour effrayer le plus brave. Les vastes contours de ce front étaient marqués par des cheveux épais, plats et d'un noir de jais. (3)

« Voulez-vous approcher, oui ou non ? » dit enfin cet homme avec impatience.

Julien s'avança d'un pas mal assuré, et enfin, prêt à tomber et pâle, comme de sa vie il ne l'avait été, il s'arrêta à trois pas de la petite table de bois blanc couverte de carrés de papier.

« Plus près », dit l'homme.

Julien s'avança encore en étendant la main, comme cherchant à s'appuyer sur quelque chose.

« Votre nom ?

— Julien Sorel.

— Vous avez bien tardé », lui dit-on, en attachant de nouveau sur lui un œil terrible.

Julien ne put supporter ce regard; étendant la main comme pour se soutenir, il tomba tout de son long sur le plancher.

QUESTIONS

2. Quels éléments du décor ont été mis en valeur par l'auteur ? Quelle impression vont-ils donner ? — Quels sont les détails qui permettent de rapprocher ce séminaire d'une prison ? — Comment l'auteur, au lieu de dépeindre le décor de manière minutieuse, a-t-il suggéré l'atmosphère ou le climat qui règne dans le séminaire ? — Quelle impression doit faire ce décor sur la sensibilité de Julien ?

3. Analysez l'état d'âme de Julien ? Par quoi est-il justifié ? — Comment la seconde figure évoquée contribue-t-elle à donner l'impression d'une horreur physique ? — Pourquoi tous ces détails sont-ils accumulés par l'auteur ? Quel événement font-ils pressentir ?

L'homme sonna. Julien n'avait perdu que l'usage des yeux et la force de se mouvoir; il entendit des pas qui s'approchaient.

On le releva, on le plaça sur le petit fauteuil de bois blanc. Il entendit l'homme terrible qui disait au portier :

« Il tombe du haut mal[41] apparemment, il ne manquait plus que ça. » **(4)**

Quand Julien put ouvrir les yeux, l'homme à la figure rouge continuait à écrire; le portier avait disparu. « Il faut avoir du courage, se dit notre héros, et surtout cacher ce que je sens » : il éprouvait un violent mal de cœur; « s'il m'arrive un accident, Dieu sait ce qu'on pensera de moi. » Enfin l'homme cessa d'écrire, et regardant Julien de côté :

« Etes-vous en état de me répondre?

— Oui, Monsieur, dit Julien, d'une voix affaiblie.

— Ah! c'est heureux. »

L'homme noir s'était levé à demi et cherchait avec impatience une lettre dans le tiroir de sa table de sapin qui s'ouvrit en criant. Il la trouva, s'assit lentement, et regardant de nouveau Julien, d'un air à lui arracher le peu de vie qui lui restait :

« Vous m'êtes recommandé par M. Chélan, c'était le meilleur curé du diocèse, homme vertueux s'il en fût, et mon ami depuis trente ans.

— Ah! c'est à M. Pirard que j'ai l'honneur de parler, dit Julien d'une voix mourante.

— Apparemment », répliqua le directeur du séminaire, en le regardant avec humeur. **(5)**

---

41. *Le haut mal*, périphrase, datant du Moyen Age, qui désigne les crises d'épilepsie.

QUESTIONS

4. Le trouble de Julien est-il seulement dû à la timidité? — Quels sont les traits qui soulignent que Julien éprouve un malaise physique? Quelles expressions dénotent le manque d'humanité de cet accueil? De quelle manière le dialogue au style direct est-il incisif et coupant pour souligner la brutalité de cette scène? — Dans la dernière réplique (ligne 102), remarquez l'adverbe *apparemment*, qui, rare chez Stendhal, est toujours employé avec une nuance d'ironie amère. Quelle est-elle ici?

5. Comment comprenez-vous l'impassibilité de M. Pirard? — Quelles sont les premières pensées de Julien reprenant ses esprits? — Quelle expression traduit la présence de l'auteur derrière son personnage? — Qu'a d'inattendu l'accueil du directeur du séminaire à un jeune homme qui lui est recommandé? — A première vue M. Pirard ressemble-t-il à l'abbé Chélan? — Qu'ont de commun les deux ecclésiastiques? L'auteur a-t-il voulu présenter encore deux figures en parfaite opposition, comme il l'avait déjà fait pour M. de Rênal et M. Valenod?

Il y eut un redoublement d'éclat dans ses petits yeux, suivi d'un mouvement involontaire des muscles des coins de la bouche. C'était la physionomie du tigre goûtant par avance le plaisir de dévorer sa proie.

« La lettre de Chélan est courte, dit-il, comme se parlant à lui-même. *Intelligenti pauca*[42], par le temps qui court, on ne saurait écrire trop peu. » Il lut haut :

« Je vous adresse Julien Sorel, de cette paroisse, que j'ai baptisé il y aura bientôt vingt ans; fils d'un charpentier riche, mais qui ne lui donne rien. Julien sera un ouvrier remarquable dans la vigne du Seigneur. La mémoire, l'intelligence ne manquent point, il y a de la réflexion. Sa vocation sera-t-elle durable? est-elle sincère? »

« *Sincère!* » répéta l'abbé Pirard d'un air étonné, et en regardant Julien; mais déjà le regard de l'abbé était moins dénué de toute humanité; « *sincère!* » répéta-t-il en baissant la voix et reprenant sa lecture :

« Je vous demande pour Julien Sorel une bourse; il la méritera en subissant les examens nécessaires. Je lui ai montré un peu de théologie, de cette ancienne et bonne théologie des Bossuet, des Arnauld, des Fleury. Si ce sujet ne vous convient pas, renvoyez-le-moi; le directeur du dépôt de mendicité, que vous connaissez bien, lui offre huit cents francs pour être précepteur de ses enfants. — Mon intérieur est tranquille, grâce à Dieu. Je m'accoutume au coup terrible. *Vale et me ama.* » **(6)**

L'abbé Pirard, ralentissant la voix comme il lisait la signature, prononça avec un soupir le mot *Chélan*.

« Il est tranquille, dit-il; en effet, sa vertu méritait cette récompense; Dieu puisse-t-il me l'accorder le cas échéant! »

---

42. *Intelligenti pauca* signifie « peu de mots suffisent pour qui sait comprendre ». Cette maxime exprimée en latin ne saurait surprendre chez l'abbé Pirard, pour qui la langue latine est celle des finesses de raisonnement. Stendhal, pour sa part, a souvent utilisé cette maxime depuis l'*Histoire de la peinture en Italie* jusqu'à *la Chartreuse de Parme*.

QUESTIONS
---

6. Quelle impression produit la description de la physionomie de l'abbé Pirard? Quels sont les caractères de la lettre de recommandation de l'abbé Chélan? Comment justifie-t-elle la maxime *Intelligenti pauca*? Pourquoi l'auteur a-t-il par deux fois insisté sur le mot *sincère* (lignes 117 à 119)?

Il regarda le ciel et fit un signe de croix. A la vue de ce signe sacré, Julien sentit diminuer l'horreur profonde qui, depuis son entrée dans cette maison, l'avait glacé.

« J'ai ici trois cent vingt et un aspirants à l'état le plus saint, dit enfin l'abbé Pirard, d'un ton de voix sévère, mais non méchant; sept ou huit seulement me sont recommandés par des hommes tels que l'abbé Chélan; ainsi parmi les trois cent vingt et un, vous allez être le neuvième. Mais ma protection n'est ni faveur, ni faiblesse, elle est redoublement de soins et de sévérité contre les vices. Allez fermer cette porte à clef. » **(7)**

Julien fit un effort pour marcher et réussit à ne pas tomber. Il remarqua qu'une petite fenêtre, voisine de la porte d'entrée, donnait sur la campagne. Il regarda les arbres; cette vue lui fit du bien, comme s'il eût aperçu d'anciens amis.

« *Loquerisne linguam latinam?* (Parlez-vous latin?), lui dit l'abbé Pirard, comme il revenait.

— *Ita, pater optime* (oui, mon excellent père) », répondit Julien, revenant un peu à lui. Certainement, jamais homme au monde ne lui avait paru moins excellent que M. Pirard, depuis une demi-heure.

L'entretien continua en latin. L'expression des yeux de l'abbé s'adoucissait; Julien reprenait quelque sang-froid. « Que je suis faible, pensa-t-il, de m'en laisser imposer par ces apparences de vertu! cet homme sera tout simplement un fripon comme M. Maslon »; et Julien s'applaudit d'avoir caché presque tout son argent dans ses bottes. **(8)**

L'abbé Pirard examina Julien sur la théologie, il fut surpris de l'étendue de son savoir. Son étonnement augmenta quand

---
QUESTIONS

7. Quel signe dénote que l'abbé Pirard est moins insensible qu'il n'en a l'air? — Quelle allusion discrète est faite ici à la disgrâce de l'abbé Chélan, remplacé par l'abbé Maslon, espion du parti jésuite? M. Pirard connaîtra à son tour un sort semblable et sera secouru par le marquis de La Mole. — Pour la première fois depuis le début du chapitre, un signe rappelle que nous sommes au séminaire. Quelle est son importance du point de vue de la psychologie des deux personnages en présence? — Comment se dessine à larges traits le caractère de M. Pirard? — Gagne-t-il ou non notre sympathie? Pourquoi?

8. Comment Julien prouve-t-il son énergie au début de cette page? Quelle nouvelle preuve avons-nous de sa sensibilité? — Quelle nouvelle épreuve va contribuer à lui rendre son sang-froid? — S'adresse-t-elle encore à la sensibilité de Julien? — Montrez comment, en reprenant ses esprits, Julien recouvre aussi l'esprit de dissimulation. Quand retrouve-t-il vraiment tout son aplomb? Par quel procédé littéraire l'auteur nous le fait-il sentir?

il l'interrogea en particulier sur les saintes Écritures[43]. Mais quand il arriva aux questions sur la doctrine des Pères, il s'aperçut que Julien ignorait presque jusqu'aux noms de saint Jérôme, de saint Augustin, de saint Bonaventure, de saint Basile, etc., etc.

« Au fait, pensa l'abbé Pirard, voilà bien cette tendance fatale au protestantisme que j'ai toujours reprochée à Chélan. Une connaissance approfondie et trop approfondie des saintes Écritures. »

(Julien venait de lui parler, sans être interrogé à ce sujet, du temps *véritable* où avaient été écrits la Genèse, le Pentateuque, etc.)

« A quoi mène ce raisonnement infini sur les saintes Écritures, pensa l'abbé Pirard, si ce n'est à l'*examen personnel*, c'est-à-dire au plus affreux protestantisme? Et à côté de cette science imprudente, rien sur les Pères qui puisse compenser cette tendance. »

Mais l'étonnement du directeur du séminaire n'eut plus de bornes, lorsque interrogeant Julien sur l'autorité du Pape, et s'attendant aux maximes de l'ancienne Église gallicane, le jeune homme lui récita tout le livre de M. de Maistre[44]. (9)

« Singulier homme que ce Chélan, pensa l'abbé Pirard; lui a-t-il montré ce livre pour lui apprendre à s'en moquer? »

Ce fut en vain qu'il interrogea Julien pour tâcher de deviner s'il croyait sérieusement à la doctrine de M. de Maistre. Le jeune homme ne répondait qu'avec sa mémoire. De ce moment, Julien fut réellement très bien, il sentait qu'il était maître de soi. Après un examen fort long, il lui sembla que la sévérité de M. Pirard envers lui n'était plus qu'affectée. En effet, sans les principes de gravité austère que, depuis quinze ans, il s'était imposés envers ses élèves en théologie, le directeur du séminaire

---

43. *Les saintes Écritures.* L'Ancien, le Nouveau Testament et les Actes des Apôtres s'opposent ici aux Pères de l'Église, qui ont formulé la doctrine du catholicisme romain. L'on sait que les protestants n'admettent que l'autorité de l'Écriture sainte;
44. *M. de Maistre* (1753-1821). Son livre *Du pape* (1819) émet les idées opposées au gallicanisme. Il devient le théoricien favori du parti ultra sous la Restauration.

QUESTIONS

9. De quelle nature est l'examen subi ici par Julien? Va-t-il cette fois encore pouvoir donner un échantillon de son infaillible mémoire? Quelle attitude d'esprit la tendance au libre examen des textes sacrés encouragée par l'abbé Chélan a-t-elle développée chez Julien? Pourquoi Julien déconcerte-t-il M. Pirard?

eût embrassé Julien au nom de la logique, tant il trouvait de clarté, de précision et de netteté dans ses réponses.

« Voilà un esprit hardi et sain, se disait-il, mais *corpus debile* (le corps est faible). »

« Tombez-vous souvent ainsi ? dit-il à Julien en français et lui montrant du doigt le plancher.

— C'est la première fois de ma vie, la figure du portier m'avait glacé », ajouta Julien en rougissant comme un enfant. **(10)**

L'abbé Pirard sourit presque.

« Voilà l'effet des vaines pompes du monde ; vous êtes accoutumé apparemment à des visages riants, véritables théâtres de mensonge. La vérité est austère, Monsieur. Mais notre tâche ici-bas n'est-elle pas austère aussi ? Il faudra veiller à ce que votre conscience se tienne en garde contre cette faiblesse : *Trop de sensibilité aux vaines grâces de l'extérieur.*

« Si vous ne m'étiez pas recommandé, dit l'abbé Pirard en reprenant la langue latine avec un plaisir marqué, si vous ne m'étiez pas recommandé par un homme tel que l'abbé Chélan, je vous parlerais le vain langage de ce monde auquel il paraît que vous êtes trop accoutumé. La bourse entière que vous sollicitez, vous dirais-je, est la chose du monde la plus difficile à obtenir. Mais l'abbé Chélan a mérité bien peu, par cinquante-six ans de travaux apostoliques, s'il ne peut disposer d'une bourse au séminaire. »

Après ces mots, l'abbé Pirard recommanda à Julien de n'entrer dans aucune société ou congrégation secrète sans son consentement.

« Je vous en donne ma parole d'honneur », dit Julien avec l'épanouissement du cœur d'un honnête homme.

Le directeur du séminaire sourit pour la première fois. **(11)**

─────── **QUESTIONS** ───────

10. Notre héros a-t-il subi avec succès l'examen approfondi de M. Pirard ? En quoi cette fois sa mémoire lui a-t-elle servi ? — Que prouve cet examen du point de vue du caractère du directeur du séminaire, en dépit de la lettre de recommandation ? A-t-on l'impression que celui-ci était sincère lorsqu'il définissait lui-même son attitude à la page précédente ? — Son jugement sur Julien vous paraît-il perspicace et justifié ? Quels aspects de la personnalité de Julien ont échappé à M. Pirard ?

11. Montrez par quelles gradations jusqu'à la fin de ce chapitre l'auteur a souligné que Julien s'est peu à peu acquis la sympathie et l'estime de cet homme austère ? En dehors des propos qui trahissent ses tendances religieuses, le discours de M. Pirard vous paraît-il correspondre à son personnage et à sa fonction ? Rapprochez-le de l'évêque d'Agde, qui avait si fort séduit Julien au chapitre XVIII du livre premier.

« Ce mot n'est point de mise ici, lui dit-il, il rappelle trop le vain honneur des gens du monde qui les conduit à tant de fautes, et souvent à des crimes. Vous me devez la sainte obéissance en vertu du paragraphe dix-sept de la bulle[45] *Unam Ecclesiam* de saint Pie V. Je suis votre supérieur ecclésiastique. Dans cette maison, entendre, mon très cher fils, c'est obéir. Combien avez-vous d'argent? **(12)**

« Nous y voici, se dit Julien, c'était pour cela qu'était le très cher fils. »

« Trente-cinq francs, mon père.

— Écrivez soigneusement l'emploi de cet argent; vous aurez à m'en rendre compte. »

Cette pénible séance avait duré trois heures; Julien appela le portier.

« Allez installer Julien Sorel dans la cellule n° 103 », dit l'abbé Pirard à cet homme.

Par une grande distinction, il accordait à Julien un logement séparé.

« Portez-y sa malle », ajouta-t-il.

Julien baissa les yeux et reconnut sa malle précisément en face de lui, il la regardait depuis trois heures, et ne l'avait pas reconnue.

En arrivant au n° 103, c'était une petite chambrette de huit pieds en carré, au dernier étage de la maison, Julien remarqua qu'elle donnait sur les remparts, et par-delà on apercevait la jolie plaine que le Doubs sépare de la ville.

« Quelle vue charmante! » s'écria Julien; en se parlant ainsi il ne sentait pas ce qu'exprimaient ces mots. Les sensations si violentes qu'il avait éprouvées depuis le peu de temps qu'il était à Besançon avaient entièrement épuisé ses forces. Il s'assit près de la fenêtre sur l'unique chaise de bois qui fût dans sa cellule, et tomba aussitôt dans un profond sommeil. Il n'entendit point la cloche du souper, ni celle du salut; on l'avait oublié.

---

45. Les *bulles pontificales*, rédigées en latin et contenant l'expression des règlements de l'Église, sont effectivement désignées par leurs premiers mots, mais ici la bulle en question est pure invention romanesque de la part de Stendhal.

QUESTIONS
---

12. Quelle idée de la règle de soumission et de l'obéissance dans la hiérarchie ecclésiastique nous donne ce passage?

Quand les premiers rayons du soleil le réveillèrent le lendemain matin, il se trouva couché sur le plancher. **(13) (14)**

RÉSUMÉ DES CHAPITRES XXVI ET XXVII

Malgré son adresse, Julien n'est pas instruit des petites intrigues qui règnent aussi au séminaire, et sa conduite n'y est *qu'une suite de fausses démarches*. Il se sent encore plus seul et plus misérable qu'à Verrières, au milieu de ses condisciples, dont Stendhal souligne la hargne, la bêtise et l'ignorance. Il constate même que M. Castanède, le rival de M. Pirard, exerce sur lui une surveillance presque policière pour lui nuire auprès du directeur. Aussi Julien connaît-il des *moments de dégoût et même de découragement complet*. Par l'enseignement de l'abbé Castanède et les conversations de ses camarades, il découvre encore que l'on apprend surtout au séminaire la puissance séculaire de l'Église et de ce second Dieu : le pape. Mais, lorsque Julien veut exposer lui-même cette doctrine qu'il tire directement de l'ouvrage de M. de Maistre, il apprend à ses dépens que *tout bon raisonnement offense*. Il recueille la haine générale de ses camarades, qui le surnomment « Martin Luther ».

RÉSUMÉ DU CHAPITRE XXVIII

Une autre épreuve lui est réservée : après avoir inventorié, en compagnie de l'abbé Chas-Bernard, le trésor de la cathédrale, il est convié à orner celle-ci en vue de la procession solennelle qui s'y prépare. Il se fait remarquer par son habileté et son travail acharné,

---
QUESTIONS

13. Quel soupçon manifeste Julien à l'égard de M. Pirard? Etes-vous de son avis? — Quel détail rappelle que Julien n'est pas tout à fait dans son état normal au cours de cette *pénible séance?* Les réactions de Julien arrivant dans sa cellule ne sont-elles pas celles d'un prisonnier? Pourquoi tombe-t-il aussitôt dans un profond sommeil? En quoi les dernières lignes de ce passage préfigurent-elles les dernières scènes du roman? Vous relèverez des réactions identiques de Julien dans les derniers chapitres du roman.

14. Sur l'ensemble du chapitre xxv. — La composition : quel est l'intérêt de nous avoir encore une fois fait vivre cette scène « de l'intérieur » de notre héros? Notez les étapes des épreuves pénibles qu'il subit. Sa timidité et son effroi en arrivant au séminaire sont-ils comparables à ceux qui l'étreignaient en arrivant de la scierie paternelle chez M. de Rênal au chapitre vi? Comparez les deux chapitres.

Stendhal a seulement suggéré le décor. Par quels moyens littéraires? Quelle impression cependant produit-il sur nous?

L'auteur, connu pour son anticléricalisme, a-t-il traduit ici ses opinions ou bien fait-il un tableau objectif du séminaire?

tout en gardant une réserve prudente vis-à-vis de l'abbé. Mais quelle émotion est la sienne lorsqu'il reconnaît Mme de Rênal dans la pénitente agenouillée au fond de la nef! Celle-ci s'évanouit à sa vue, et Mme Derville enjoint à Julien l'ordre de s'éloigner — laissant Julien lui-même tout tremblant. Heureusement, l'abbé Chas-Bernard n'a pas compris la cause de son trouble.

CHAPITRE XXIX

LE PREMIER AVANCEMENT

> Il a connu son siècle, il a connu son département, et il est riche.
>
> Le Précurseur.

Julien n'était pas encore revenu de la rêverie profonde où l'avait plongé l'événement[46] de la cathédrale, lorsqu'un matin le sévère abbé Pirard le fit appeler.

« Voilà M. l'abbé Chas-Bernard qui m'écrit en votre faveur. Je suis assez content de l'ensemble de votre conduite. Vous êtes extrêmement imprudent et même étourdi, sans qu'il y paraisse; cependant, jusqu'ici le cœur est bon et même généreux; l'esprit est supérieur. Au total, je vois en vous une étincelle qu'il ne faut pas négliger.

« Après quinze ans de travaux, je suis sur le point de sortir de cette maison : mon crime est d'avoir laissé les séminaristes à leur libre arbitre, et de n'avoir ni protégé, ni desservi cette société secrète[47] dont vous m'avez parlé au tribunal de la pénitence. Avant de partir, je veux faire quelque chose pour vous; j'aurais agi deux mois plus tôt, car vous le méritez, sans la dénonciation fondée sur l'adresse d'Amanda Binet[48], trouvée chez vous. Je vous fais répétiteur pour le Nouveau et l'Ancien Testament. »

Julien, transporté de reconnaissance, eut bien l'idée de se jeter à genoux et de remercier Dieu; mais il céda à un mouvement plus vrai. Il s'approcha de l'abbé Pirard et lui prit la main, qu'il porta à ses lèvres.

---

46. L'*événement* en question est sa rencontre fortuite avec Mme de Rênal; 47. *Cette société secrète*, allusion à la toute-puissante congrégation qui se comporte comme une sorte de franc-maçonnerie (voir ci-dessus, note 12, page 39); 48. *Amanda Binet*, rencontrée au café de Besançon avant de rentrer au séminaire (voir livre premier, chap. xxiv).

« Qu'est ceci ? » s'écria le directeur d'un air fâché ; mais les yeux de Julien en disaient encore plus que son action.

L'abbé Pirard le regarda avec étonnement, tel qu'un homme qui, depuis longues années, a perdu l'habitude de rencontrer des émotions délicates. Cette attention trahit le directeur ; sa voix s'altéra. **(1)**

« Eh bien ! oui, mon enfant, je te suis attaché. Le ciel sait que c'est bien malgré moi. Je devrais être juste, et n'avoir ni haine, ni amour pour personne. Ta carrière sera pénible. Je vois en toi quelque chose qui offense le vulgaire. La jalousie et la calomnie te poursuivront. En quelque lieu que la Providence te place, tes compagnons ne te verront jamais sans te haïr ; et s'ils feignent de t'aimer, ce sera pour te trahir plus sûrement. A cela il n'y a qu'un remède : n'aie recours qu'à Dieu, qui t'a donné, pour te punir de ta présomption, cette nécessité d'être haï ; que ta conduite soit pure ; c'est la seule ressource que je te voie. Si tu tiens à la vérité d'une étreinte invincible, tôt ou tard tes ennemis seront confondus. »

Il y avait si longtemps que Julien n'avait entendu une voix amie, qu'il faut lui pardonner une faiblesse ; il fondit en larmes. L'abbé Pirard lui ouvrit les bras ; ce moment fut bien doux pour tous les deux. **(2)**

Julien était fou de joie ; cet avancement était le premier qu'il obtenait ; les avantages étaient immenses. Pour les concevoir, il faut avoir été condamné à passer des mois entiers sans un instant de solitude, et dans un contact immédiat avec des camarades pour le moins importuns, et la plupart intolérables. Leurs cris seuls eussent suffi pour porter le désordre dans une organisation délicate. La joie bruyante de ces paysans bien nourris et bien vêtus ne savait jouir d'elle-même, ne se

---
QUESTIONS

1. Le jugement de l'abbé Pirard sur la conduite de notre héros est-il bien fondé ? Qu'apprécie-t-il surtout en Julien ? L'abbé Pirard se conduit-il à l'égard de Julien avec justice ou le traite-t-il avec faveur ? Comment, pour la seconde fois, Julien cède-t-il à un mouvement spontané pour le directeur du séminaire ? Que trahit cette réaction de sa part ? Pourquoi son mouvement touche-t-il M. Pirard ?

2. Pourquoi M. Pirard cède-t-il à l'émotion et avoue-t-il son attachement à Julien ? Puisqu'il est destitué et va quitter le séminaire, comment cet aveu de sa part a-t-il une valeur testamentaire pour Julien ? — Comment l'abbé Pirard a-t-il décelé en Julien *quelque chose qui offense le vulgaire* ? Pouvez-vous analyser, en vous appuyant sur les événements du roman, ce trait de la personnalité de Julien ? — Qu'est-ce qui a permis cet élan de sympathie entre ces deux personnages pourtant très différents ?

croyait entière que lorsqu'ils criaient de toute la force de leurs poumons.

Maintenant, Julien dînait seul, ou à peu près, une heure plus tard que les autres séminaristes. Il avait une clef du jardin et pouvait s'y promener aux heures où il est désert.

A son grand étonnement, Julien s'aperçut qu'on le haïssait moins; il s'attendait, au contraire, à un redoublement de haine. Ce désir secret qu'on ne lui adressât pas la parole, qui était trop évident et lui valait tant d'ennemis, ne fut plus une marque de hauteur ridicule. Aux yeux des êtres grossiers qui l'entouraient, ce fut un juste sentiment de sa dignité. La haine diminua sensiblement, surtout parmi les plus jeunes de ses camarades devenus ses élèves, et qu'il traitait avec beaucoup de politesse. Peu à peu il eut même des partisans; il devint de mauvais ton de l'appeler Martin Luther. **(3)**

Mais à quoi bon nommer ses amis, ses ennemis? Tout cela est laid, et d'autant plus laid que le dessein est plus vrai. Ce sont cependant là les seuls professeurs de morale qu'ait le peuple, et sans eux que deviendrait-il? Le journal pourra-t-il jamais remplacer le curé? **(4)**

Depuis la nouvelle dignité de Julien, le directeur du séminaire affecta de ne lui parler jamais sans témoins. Il y avait dans cette conduite prudence pour le maître, comme pour le disciple; mais il y avait surtout *épreuve*. Le principe invariable du sévère janséniste Pirard était : « Un homme a-t-il du mérite à vos yeux? mettez obstacle à tout ce qu'il désire, à tout ce qu'il entreprend. Si le mérite est réel, il saura bien renverser ou tourner les obstacles. » **(5)**

QUESTIONS

3. Pourquoi ce premier avancement rend-il Julien *fou de joie*? Est-ce par orgueil ou par vanité? — En quoi l'auteur rappelle-t-il ici la sensibilité délicate de son héros? — N'y a-t-il pas un rapprochement qui s'impose entre l'isolement de Julien au séminaire et celui de Stendhal à l'école centrale de Grenoble en butte à l'hostilité de ses camarades. (Voir *Vie de Henry Brulard*.) — Que traduit le besoin toujours constant de solitude chez Julien? — Pourquoi ses condisciples le haïssent-ils moins depuis qu'il est monté en grade? Quel trait du caractère des séminaristes cette attitude met-elle en valeur?

4. Où réside l'intervention de l'auteur dans le cours de ce récit? Soulignez la valeur de son jugement sur la fonction sociale du prêtre? Quel problème pose-t-il? Que traduit-il des opinions de Stendhal?

5. Jugez-vous bon, dans le cas de Julien, le principe de conduite du janséniste abbé Pirard?

C'était le temps de la chasse. Fouqué eut l'idée d'envoyer au séminaire un cerf et un sanglier de la part des parents de Julien. Les animaux morts furent déposés dans le passage, entre la cuisine et le réfectoire. Ce fut là que tous les séminaristes les virent en allant dîner. Ce fut un grand objet de curiosité. Le sanglier, tout mort qu'il était, faisait peur aux plus jeunes; ils touchaient ses défenses. On ne parla d'autre chose pendant huit jours.

Ce don, qui classait la famille de Julien dans la partie de la société qu'il faut respecter, porta un coup mortel à l'envie. Il fut une supériorité consacrée par la fortune. Chazel et les plus distingués des séminaristes lui firent des avances, et se seraient presque plaints à lui de ce qu'il ne les avait pas avertis de la fortune de ses parents, et les avait ainsi exposés à manquer de respect à l'argent. **(6)**

Il y eut une conscription[49] dont Julien fut exempté en sa qualité de séminariste. Cette circonstance l'émut profondément. « Voilà donc passé à jamais l'instant où, vingt ans plus tôt, une vie héroïque eût commencé pour moi! »

Il se promenait seul dans le jardin du séminaire, il entendit parler entre eux des maçons qui travaillaient au mur de clôture.

« Eh bien! y faut partir, v'là une nouvelle conscription.

— Dans le temps *de l'autre*, à la bonne heure! un maçon y devenait officier, y devenait général, on a vu ça.

— Va-t'en voir maintenant! il n'y a que les gueux qui partent. Celui qui a *de quoi* reste au pays.

— Qui est né misérable, reste misérable, et v'là.

— Ah çà, est-ce bien vrai ce qu'ils disent, que l'autre est mort? reprit un troisième maçon. **(7)**

— Ce sont les gros qui disent ça, vois-tu! l'autre leur faisait peur.

---

49. *Conscription* : enrôlement sous les drapeaux des jeunes gens de vingt ans. En 1830, jusqu'en 1872, les futurs prêtres étaient, à ce titre, exemptés des obligations militaires.

  ▬ **QUESTIONS** ▬

6. Qu'a de surprenant chez les séminaristes ce respect témoigné à l'argent et aux signes extérieurs de richesse? Quelle critique indirecte contient ce passage? Pourquoi ce rappel de la part de l'auteur de la présence discrète de l'autorité? Quel choix peut encore faire Julien? En quoi Julien se distingue-t-il du vulgaire par son mépris de l'argent?

Question 7, v. p. 141.

— Quelle différence, comme l'ouvrage allait de son temps ! Et dire qu'il a été trahi par ses maréchaux ! Faut-y être traître ! »

Cette conversation consola un peu Julien. En s'éloignant, il répétait avec un soupir :

Le seul roi dont le peuple ait gardé la mémoire[50]!... (8) (9)

[Le temps des examens arrive, et les intrigues de l'abbé de Frilair arrivent à faire reporter en fin de liste *ce Julien Sorel, qui leur était signalé comme le benjamin de l'abbé Pirard.* Celui-ci n'en éprouve ni dépit ni découragement, à la grande joie de l'abbé Pirard. Il est chargé par son protecteur de porter à l'évêché sa lettre de démission. Comme il a été en relations suivies avec le marquis de La Mole à l'occasion d'un procès fort embrouillé de celui-ci à Besançon, ce haut personnage, qui a su apprécier l'abbé Pirard, lui envoie et sa calèche et sa nomination pour l'une des cures les plus riches auprès de Paris. L'abbé quitte néanmoins Besançon et le séminaire avec regrets sans oublier Julien, son protégé.]

---

50. « *Le seul roi...* », vers autrefois gravé sur le socle de la statue de Henri IV au Pont-Neuf.

QUESTIONS

7. Quelle circonstance rappelle à Julien que l'orientation de sa vie s'opère malgré lui? A-t-il complètement renoncé à son rêve héroïque symbolisé par le « rouge » de l'habit militaire? Pourquoi Stendhal concrétise-t-il par ce dialogue entre les deux maçons le regret populaire de l'empereur Napoléon désigné par l'autre dans la langue du peuple?
— Pourquoi l'empereur est-il resté le symbole de l'égalité et représente-t-il sous la Restauration l'héritier des idées révolutionnaires?

8. Quelle allusion est faite ici par l'auteur à la légende répandue et entretenue parmi le peuple du retour possible de Napoléon? Comparez avec Balzac, *le Médecin de campagne*, publié en 1833 (scène dans la grange : « Le Napoléon du peuple », chap. III).

9. Sur l'ensemble du chapitre XXIX. — Quels traits confirment le parti pris de l'auteur dans sa peinture du séminaire? Julien s'est-il bien adapté à ce milieu, ou bien, par contraste, sa véritable nature s'est-elle révélée? Quelle est l'importance des rappels dans ce chapitre de l'hésitation constante de Julien entre l'armée et l'Église? Comment l'évocation de la légende populaire rattache-t-elle le culte de Julien pour Napoléon au milieu dont il est sorti? — Montrez également comment l'auteur, par l'expression qu'il a donnée aux pensées de son héros, a bien souligné les différences et accusé ici le fait que Julien est « un plébéien en transfert de classe », selon le mot de P. Bourget. — Appréciez l'évolution de la psychologie de l'abbé Pirard? Comment a-t-il gagné, en même temps que le cœur de Julien, les sympathies du lecteur?

CHAPITRE XXX

UN AMBITIEUX

> Il n'y a plus qu'une seule noblesse, c'est le titre de *duc ;* marquis est ridicule, au mot *duc* on tourne la tête.
>
> *Edinburgh Review.*

Le marquis de La Mole reçut l'abbé Pirard sans aucune de ces petites façons de grand seigneur, si polies, mais si impertinentes pour qui les comprend. C'eût été du temps perdu, et le marquis était assez avant dans les grandes affaires pour n'avoir point de temps à perdre.

Depuis six mois, il intriguait pour faire accepter à la fois au roi et à la nation un certain ministère, qui, par reconnaissance, le ferait duc.

Le marquis demandait en vain, depuis longues années, à son avocat de Besançon, un travail clair et précis sur ses procès de Franche-Comté. Comment l'avocat célèbre les lui eût-il expliqués, s'il ne les comprenait pas lui-même ?

Le petit carré de papier, que lui remit l'abbé, expliquait tout.

« Mon cher abbé, lui dit le marquis, après avoir expédié en moins de cinq minutes toutes les formules de politesse et d'interrogation sur les choses personnelles, mon cher abbé, au milieu de ma prétendue prospérité, il me manque du temps pour m'occuper sérieusement de deux petites choses assez importantes pourtant : ma famille et mes affaires. Je soigne en grand la fortune de ma maison, je puis la porter loin ; je soigne mes plaisirs, et c'est ce qui doit passer avant tout, du moins à mes yeux », ajouta-t-il en surprenant de l'étonnement dans ceux de l'abbé Pirard. Quoique homme de sens, l'abbé était émerveillé de voir un vieillard parler si franchement de ses plaisirs. **(1)**

─────── **QUESTIONS** ───────

1. En quoi la rencontre de deux personnages aussi différents que le marquis de La Mole et l'abbé Pirard est-elle intéressante du point de vue psychologique ? Par quelle brièveté remarquable l'auteur a-t-il exposé en quelques lignes les circonstances qui rapprochent les deux hommes ? Comment se marque le souci constant de l'auteur d'éviter ce qui constituerait une digression ou une intrigue secondaire ? Comment la rencontre de l'abbé Pirard avec M. de La Mole va-t-elle avoir une incidence sur la destinée de Julien ? Quel aspect de caractère de l'abbé Pirard le porte-t-il à apprécier la franchise du marquis ?

« Je suis une femme perdue d'honneur. »

Phot. Larousse.

Illustration de Dufour, gravée par Baudier
pour une édition du roman de Stendhal (Ed. du Trianon, 1928).

« Le travail existe sans doute à Paris, continua le grand seigneur, mais perché au cinquième étage, et dès que je me rapproche d'un homme, il prend un appartement au second, et sa femme prend un jour ; par conséquent plus de travail, plus d'efforts que pour être ou paraître un homme du monde. C'est là leur unique affaire dès qu'ils ont du pain.

« Pour mes procès, exactement parlant, et encore pour chaque procès pris à part, j'ai des avocats qui se tuent ; il m'en est mort un de la poitrine, avant-hier. Mais, pour mes affaires en général, croiriez-vous Monsieur, que, depuis trois ans, j'ai renoncé à trouver un homme qui, pendant qu'il écrit pour moi, daigne songer un peu sérieusement à ce qu'il fait ? Au reste, tout ceci n'est qu'une préface.

« Je vous estime, et j'oserais ajouter, quoique vous voyant pour la première fois, je vous aime. Voulez-vous être mon secrétaire, avec huit mille francs d'appointements ou bien avec le double ? J'y gagnerai encore, je vous jure ; et je fais mon affaire de vous conserver votre belle cure, pour le jour où nous ne nous conviendrons plus. »

L'abbé refusa ; mais vers la fin de la conversation, le véritable embarras où il voyait le marquis lui suggéra une idée. (2)

« J'ai laissé au fond de mon séminaire un pauvre jeune homme, qui, si je ne me trompe, va y être rudement persécuté. S'il n'était qu'un simple religieux, il serait déjà *in pace*.

« Jusqu'ici ce jeune homme ne sait que le latin et l'Écriture sainte ; mais il n'est pas impossible qu'un jour il déploie de grands talents soit pour la prédication, soit pour la direction des âmes. J'ignore ce qu'il fera ; mais il a le feu sacré, il peut aller loin. Je comptais le donner à notre évêque, si jamais il nous en était venu un qui eût un peu de votre manière de voir les hommes et les affaires.

— D'où sort votre jeune homme ? dit le marquis.

— On le dit fils d'un charpentier de nos montagnes, mais je le croirais plutôt fils naturel de quelque homme riche. Je lui ai vu recevoir une lettre anonyme ou pseudonyme avec une lettre de change de cinq cents francs.

──────── **QUESTIONS** ────────

2. Quel trait de caractère le discours du marquis vous permet-il d'apprécier ? Comment la vivacité de ses paroles, rapportées au style direct, nous permet-elle mieux qu'un récit d'apprécier en particulier l'ironie du personnage ? Pourquoi M. de La Mole offre-t-il à l'abbé Pirard de le garder comme secrétaire ? Pourquoi l'abbé Pirard refuse-t-il des offres aussi généreuses ? Son idée de proposer Julien était-elle préméditée ?

— Ah! c'est Julien Sorel, dit le marquis. **(3)**

— D'où savez-vous son nom? » dit l'abbé étonné; et comme il rougissait de sa question :

« C'est ce que je ne vous dirai pas, répondit le marquis.

— Eh bien! reprit l'abbé, vous pourriez essayer d'en faire votre secrétaire, il a de l'énergie, de la raison; en un mot, c'est un essai à tenter. **(4)**

— Pourquoi pas? dit le marquis; mais serait-ce un homme à se laisser graisser la patte par le préfet de police ou par tout autre pour faire l'espion chez moi? Voilà toute mon objection. »

D'après les assurances favorables de l'abbé Pirard, le marquis prit un billet de mille francs :

« Envoyez ce viatique[51] à Julien Sorel; faites-le-moi venir.

— On voit bien, dit l'abbé Pirard, que vous habitez Paris. Vous ne connaissez pas la tyrannie qui pèse sur nous autres pauvres provinciaux, et en particulier sur les prêtres non amis des jésuites. On ne voudra pas laisser partir Julien Sorel, on saura se couvrir des prétextes les plus habiles, on me répondra qu'il est malade, la poste aura perdu les lettres, etc., etc.

— Je prendrai un de ces jours une lettre du ministre à l'évêque, dit le marquis. **(5)**

---

51. *Viatique :* au sens propre, c'est l'argent que l'on donne à un religieux pour subvenir à ses dépenses en voyage.

─────── **QUESTIONS** ───────

3. Quelle est l'importance et la valeur de l'emploi de l'adjectif possessif lorsque l'abbé Pirard parle au marquis du séminaire qu'il a dû quitter? — Quel sens de ses responsabilités à l'égard de Julien éprouve-t-il ici? — Fait-il de Julien une peinture qui vous paraît véridique? Pourquoi? Quelle légende semble-t-il accréditer sur la naissance de Julien? Par quelle adresse du romancier et quel rebondissement de l'action M. de La Mole sera-t-il arrivé à reprendre cette idée (liv. II, chap. XXXIV)? Comment M. de La Mole connaît-il déjà Julien Sorel?

4. Lorsque l'abbé Pirard caractérise Julien par ces deux mots abstraits (ligne 67) : *il a de l'énergie, de la raison*, lequel des deux vous semble le mieux s'appliquer à Julien? Montrez-le sur des exemples. — Quel sens dans la langue de Stendhal donneriez-vous ici au mot *raison?* — Soulignez sur cet exemple la préférence donnée par l'auteur au substantif sur l'adjectif? Quelle valeur prend la phrase ainsi conçue?

5. Quels traits de la société de 1830 dénonce l'objection du marquis? Quels exemples dans la vie de Julien que vous connaissez déjà pourraient justifier les assurances favorables de l'abbé Pirard? Comment la rondeur et la droiture des propositions du janséniste Pirard rencontrent-elles la toute-puissante désinvolture du grand seigneur?

— J'oubliais une précaution, dit l'abbé : ce jeune homme quoique né bien bas a le cœur haut, il ne sera d'aucune utilité si l'on effarouche son orgueil; vous le rendriez stupide.

— Ceci me plaît, dit le marquis, j'en ferai le camarade de mon fils, cela suffira-t-il? »

Quelque temps après, Julien reçut une lettre d'une écriture inconnue et portant le timbre de Chalon, il y trouva un mandat sur un marchand de Besançon, et l'avis de se rendre à Paris sans délai. La lettre était signée d'un nom supposé, mais en l'ouvrant Julien avait tressailli : une feuille d'arbre était tombée à ses pieds; c'était le signe[52] dont il était convenu avec l'abbé Pirard. **(6)**

Moins d'une heure après, Julien fut appelé à l'évêché où il se vit accueillir avec une bonté toute paternelle. Tout en citant Horace, Monseigneur lui fit, sur les hautes destinées qui l'attendaient à Paris, des compliments fort adroits et qui, pour remerciements, attendaient des explications. Julien ne put rien dire, d'abord parce qu'il ne savait rien, et Monseigneur prit beaucoup de considération pour lui. Un des petits prêtres de l'évêché écrivit au maire qui se hâta d'apporter lui-même un passeport[53] signé, mais où l'on avait laissé en blanc le nom du voyageur. **(7)**

Le soir avant minuit, Julien était chez Fouqué, dont l'esprit sage fut plus étonné que charmé de l'avenir qui semblait attendre son ami.

« Cela finira pour toi, dit cet électeur libéral, par une place du gouvernement, qui t'obligera à quelque démarche qui sera vilipendée dans les journaux. C'est par ta honte que j'aurai

---

52. *Signe* : signe de reconnaissance qui doit prouver que la lettre n'a pas été ouverte par la censure; 53. *Passeport*, alors nécessaire pour passer d'une province à l'autre.

QUESTIONS

6. La *précaution* signalée par l'abbé Pirard est-elle accessoire ou essentielle? Pourquoi l'a-t-il énoncée après l'acceptation du marquis? — Que traduit la formule employée par l'abbé Pirard : *Ce jeune homme quoique né bien bas a le cœur haut?* Est-ce le reflet du jugement d'un ecclésiastique pour qui chaque créature est égale devant Dieu? Est-ce la trace des idées des philosophes du XVIIIe siècle chères à Stendhal? — Pourquoi ce trait plaît-il au marquis? Quelle est la grande différence entre celui-ci et M. de Rênal?

7. La conduite de l'évêque diffère-t-elle alors de celle des petits séminaristes lorsque Julien obtient son premier *avancement* (chap. XXIX)? Où réside ici l'ironie de l'auteur?

de tes nouvelles. Rappelle-toi que, même financièrement parlant, il vaut mieux gagner cent louis dans un bon commerce de bois, dont on est le maître, que de recevoir quatre mille francs d'un gouvernement, fût-il celui du roi Salomon. »

115 Julien ne vit dans tout cela que la petitesse d'esprit d'un bourgeois de campagne. Il allait enfin paraître sur le théâtre des grandes choses. Le bonheur d'aller à Paris, qu'il se figurait peuplé de gens d'esprit fort intrigants, fort hypocrites, mais aussi polis que l'évêque de Besançon et que l'évêque d'Agde,
120 éclipsait tout à ses yeux. Il se représenta à son ami, comme privé de son libre arbitre par la lettre de l'abbé Pirard. **(8)**

Le lendemain vers midi, il arriva dans Verrières le plus heureux des hommes; il comptait revoir Mme de Rênal. Il alla d'abord chez son premier protecteur, le bon abbé Chélan.
125 Il trouva une réception sévère.

« Croyez-vous m'avoir quelque obligation? lui dit M. Chélan, sans répondre à son salut. Vous allez déjeuner avec moi, pendant ce temps on ira vous louer un autre cheval, et vous quitterez Verrières, *sans y voir personne.*
130 — Entendre c'est obéir », répondit Julien avec une mine de séminaire; et il ne fut plus question que de théologie et de belle latinité.

Il monta à cheval, fit une lieue, après quoi apercevant un bois, et personne pour l'y voir entrer, il s'y enfonça. Au cou-
135 cher du soleil il renvoya le cheval. Plus tard, il entra chez un paysan, qui consentit à lui vendre une échelle et à le suivre en la portant jusqu'au petit bois qui domine le Cours de la Fidélité, à Verrières. **(9)**

───── ■ QUESTIONS ─────

8. Pourquoi Julien se rend-il chez Fouqué? Croyez-vous qu'avant de quitter Verrières l'auteur a voulu marquer d'une manière symbolique que Julien prend congé de l'amitié et de l'amour? — Les raisons des objections de Fouqué sont-elles seulement dictées par ses opinions libérales? — Que représente Paris pour Julien ébloui? — En quoi ses réactions révèlent-elles ses origines provinciales? Rapprochez son attitude de celle des deux « ambitieux » balzaciens : Rastignac *(le Père Goriot)* et Lucien de Rubempré *(Illusions perdues)*.

9. Pourquoi Julien est-il heureux en arrivant à Verrières? Dans les lignes 133 à 138, le récit rapide est un modèle du paragraphe stendhalien. Étudiez l'ordonnance de ces quelques phrases en pensant aux remarques de Stendhal lui-même sur sa prose. (Voir Notice, p. 17.) — Comment s'explique la réception sévère de l'abbé Chélan? Quelle tournure dans la réponse de Julien rappelle l'influence de l'abbé Pirard? Comment la conduite de Julien révèle-t-elle que son séjour n'a pas entamé son énergie, mais a seulement perfectionné son art de dissimuler?

« Je suis un pauvre conscrit réfractaire... ou un contrebandier, dit le paysan en prenant congé de lui, mais qu'importe! mon échelle est bien payée, et moi-même je ne suis pas sans avoir passé quelques *mouvements* de montre en ma vie. »

La nuit était fort noire. Vers une heure du matin, Julien, chargé de son échelle, entra dans Verrières. Il descendit le plus tôt qu'il put dans le lit du torrent, qui traverse les magnifiques jardins de M. de Rênal à une profondeur de dix pieds, et contenu entre deux murs. Julien monta facilement avec l'échelle. Quel accueil me feront les chiens de garde? pensait-il. Toute la question est là. Les chiens aboyèrent, et s'avancèrent au galop sur lui; mais il siffla doucement, et ils vinrent le caresser.

Remontant alors de terrasse en terrasse, quoique toutes les grilles fussent fermées, il lui fut facile d'arriver jusque sous la fenêtre de la chambre à coucher de Mme de Rênal, qui, du côté du jardin, n'est élevée que de huit ou dix pieds au-dessus du sol.

Il y avait aux volets une petite ouverture en forme de cœur, que Julien connaissait bien. A son grand chagrin, cette petite ouverture n'était pas éclairée par la lumière intérieure d'une veilleuse.

« Grand Dieu! se dit-il; cette nuit, cette chambre n'est pas occupée par Mme de Rênal! Où sera-t-elle couchée? La famille est à Verrières, puisque j'ai trouvé les chiens; mais je puis rencontrer dans cette chambre, sans veilleuse, M. de Rênal lui-même ou un étranger, et alors quel esclandre! » **(10)**

Le plus prudent était de se retirer; mais ce parti fit horreur à Julien. Si c'est un étranger, je me sauverai à toutes jambes, abandonnant mon échelle; mais si c'est elle, quelle réception m'attend? Elle est tombée dans le repentir et dans la plus haute piété, je n'en puis douter; mais enfin, elle a encore quelque souvenir de moi, puisqu'elle vient de m'écrire. Cette raison le décida.

───── **QUESTIONS** ─────

10. Qu'est-ce qui fait le romanesque de cette visite? Dans quelles circonstances bien différentes Julien avait-il voulu montrer à Verrières sa force physique? (Voir livre premier, chapitre XXII.) Soulignez le contraste évident de ce passage. Quels détails très précis accumulés par l'auteur suggèrent le décor et rappellent à tout moment au lecteur que Julien est un habitué de la maison? Julien est-il déçu de penser que la chambre n'est pas occupée par Mme de Rênal? A-t-il véritablement peur d'un esclandre (ligne 164)?

Le cœur tremblant, mais cependant résolu à périr ou à la voir, il jeta de petits cailloux contre le volet; point de réponse. Il appuya son échelle à côté de la fenêtre, et frappa lui-même contre le volet, d'abord doucement, puis plus fort. « Quelque obscurité qu'il fasse, on peut me tirer un coup de fusil », pensa Julien. Cette idée réduisit l'entreprise folle à une question de bravoure. **(11)**

« Cette chambre est inhabitée cette nuit, pensa-t-il, ou quelle que soit la personne qui y couche, elle est éveillée maintenant. Ainsi plus rien à ménager envers elle; il faut seulement tâcher de n'être pas entendu par les personnes qui couchent dans les autres chambres. »

Il descendit, plaça son échelle contre un des volets, remonta, et passant la main dans l'ouverture en forme de cœur, il eut le bonheur de trouver assez vite le fil de fer attaché au crochet qui fermait le volet. Il tira ce fil de fer; ce fut avec une joie inexprimable qu'il sentit que ce volet n'était plus retenu et cédait à son effort. « Il faut l'ouvrir petit à petit, et faire reconnaître ma voix. » Il ouvrit le volet assez pour passer la tête, et en répétant à voix basse : « *C'est un ami.* »

Il s'assura, en prêtant l'oreille, que rien ne troublait le silence profond de la chambre. Mais décidément, il n'y avait point de veilleuse, même à demi éteinte, dans la cheminée : c'était un bien mauvais signe.

« Gare le coup de fusil! » Il réfléchit un peu; puis, avec le doigt, il osa frapper contre la vitre : pas de réponse; il frappa plus fort. « Quand je devrais casser la vitre, il faut en finir. » Comme il frappait très fort, il crut entrevoir, au milieu de l'extrême obscurité, comme une ombre blanche qui traversait la chambre. Enfin, il n'y eut plus de doute, il vit une ombre qui semblait s'avancer avec une extrême lenteur. Tout à coup il vit une joue qui s'appuyait à la vitre contre laquelle était son œil. **(12)** [...]

QUESTIONS

11. Quel sentiment pousse Julien à poursuivre son entreprise? — Comment ce sentiment va-t-il se développer au fur et à mesure que le silence a l'air de s'établir? Qu'est-ce qui fait la force de l'expression, ligne 172 : *résolu à périr ou à la voir*? Quel état d'âme de notre héros exprime cet emploi des deux verbes? Comment l'alternance du récit et des réflexions de Julien traduit-elle le sang-froid de celui-ci?

12. Quels sont les motifs de cette *joie inexprimable*, ligne 187? Par quels procédés l'auteur a-t-il ménagé l'intérêt de curiosité et tient-il son lecteur en haleine pendant toute cette scène? Comment a-t-il souligné la bravoure de Julien en cette circonstance?

[Cependant, la fenêtre s'ouvre enfin et Julien reconnaît Mme de Rênal dans ce *fantôme blanc* réfugié au fond de la pièce. Celle-ci l'accueille avec indignation et le repousse vivement... Julien pleure amèrement, mais il obtient de son amie le récit des événements depuis son départ au séminaire et raconte à son tour son séjour à Besançon, prolongeant sa visite malgré l'ordre de sortie qu'il reçoit de temps à autre.]

[...] « Quelle honte pour moi si je suis éconduit! ce sera un remords à empoisonner toute ma vie, se disait-il, jamais elle ne m'écrira. Dieu sait quand je reviendrai en ce pays! » De ce moment, tout ce qu'il y avait de céleste dans la position de Julien disparut rapidement de son cœur. Assis à côté d'une femme qu'il adorait, la serrant presque dans ses bras, dans cette chambre où il avait été si heureux, au milieu d'une obscurité profonde, distinguant fort bien que depuis un moment elle pleurait, sentant, au mouvement de sa poitrine, qu'elle avait des sanglots, il eut le malheur de devenir un froid politique, presque aussi calculant et aussi froid que lorsque, dans la cour du séminaire, il se voyait en butte à quelque mauvaise plaisanterie de la part d'un de ses camarades plus fort que lui. Julien faisait durer son récit, et parlait de la vie malheureuse qu'il avait menée depuis son départ de Verrières. « Ainsi, se disait Mme de Rênal, après un an d'absence, privé presque entièrement de marques de souvenir, tandis que moi je l'oubliais, il n'était occupé que des jours heureux qu'il avait trouvés à Vergy. » Ses sanglots redoublaient. Julien vit le succès de son récit. Il comprit qu'il fallait tenter la dernière ressource : il arriva brusquement à la lettre qu'il venait de recevoir de Paris.

« J'ai pris congé de Monseigneur l'évêque.

— Quoi, vous ne retournez pas à Besançon! vous nous quittez pour toujours?

— Oui, répondit Julien d'un ton résolu; oui, j'abandonne un pays où je suis oublié même de ce que j'ai le plus aimé en ma vie, et je le quitte pour ne jamais le revoir. Je vais à Paris...

— Tu vas à Paris! » s'écria assez haut, Mme de Rênal. **(13)**

Sa voix était presque étouffée par les larmes, et montrait tout l'excès de son trouble. Julien avait besoin de cet encou-

---
QUESTIONS

Question 13, v. p. 151.

ragement : il allait tenter une démarche qui pouvait tout décider contre lui; et avant cette exclamation, n'y voyant point, il ignorait absolument l'effet qu'il parvenait à produire. Il n'hésita
240 plus; la crainte du remords lui donnait tout empire sur lui-même; il ajouta froidement en se levant :

« Oui, Madame, je vous quitte pour toujours, soyez heureuse; adieu. »

Il fit quelques pas vers la fenêtre; déjà il l'ouvrait. Mme de
245 Rênal s'élança vers lui et se précipita dans ses bras.

Ainsi, après trois heures de dialogue, Julien obtint ce qu'il avait désiré avec tant de passion pendant les deux premières. Un peu plus tôt arrivés, le retour aux sentiments tendres, l'éclipse des remords chez Mme de Rênal eussent été un bonheur
250 divin; ainsi obtenus avec art, ce ne fut plus qu'un plaisir. Julien voulut absolument, contre les instances de son amie, allumer la veilleuse.

« Veux-tu donc, lui disait-il, qu'il ne me reste aucun souvenir de t'avoir vue? L'amour qui est sans doute dans ces
255 yeux charmants sera donc perdu pour moi? la blancheur de cette jolie main me sera donc invisible? Songe que je te quitte pour bien longtemps peut-être! » **(14)**

Mme de Rênal n'avait rien à refuser à cette idée qui la faisait fondre en larmes. Mais l'aube commençait à dessiner vive-
260 ment les contours des sapins sur la montagne à l'orient de Verrières. Au lieu de s'en aller, Julien ivre de volupté demanda à Mme de Rênal de passer toute la journée caché dans sa chambre, et de ne partir que la nuit suivante.

« Et pourquoi pas? répondit-elle. Cette fatale rechute m'ôte
265 toute estime pour moi, et fait à jamais mon malheur », et elle

——————— **QUESTIONS** ———————

13. Quel sentiment s'empare de nouveau de Julien? Pourquoi? Pourquoi devient-il *un froid politique* et comment va-t-il se rendre maître de la situation? Cette conduite nous le rend-elle sympathique? Pourquoi l'auteur rappelle-t-il à ce moment que Julien est aussi calculateur que devant l'un de ses adversaires au séminaire? — Qu'est-ce qui nous prouve que Julien agit avec le plus grand sang-froid et qu'il joue un rôle? Relevez dans ses paroles des expressions assez emphatiques et théâtrales. Quel mot traduit au contraire l'extrême sincérité et la passion jusqu'alors retenue de Mme de Rênal?

14. Quelle sorte de *remords* éprouve Julien? Comparez-les avec les *remords* de Mme de Rênal? Qu'est-ce qui dans cette « re-conquête » va assurer la victoire de Julien? Soulignez ce que comportent encore de théâtral le ton et les attitudes de Julien dans sa fausse sortie. Comment le plaisir de triompher a-t-il ôté le bonheur à Julien?

le pressait contre son cœur. « Mon mari n'est plus le même, il a des soupçons; il croit que je l'ai mené dans toute cette affaire, et se montre fort piqué contre moi. S'il entend le moindre bruit je suis perdue, il me chassera comme une malheureuse que je suis.

— Ah! voilà une phrase de M. Chélan, dit Julien; tu ne m'aurais pas parlé ainsi avant ce cruel départ pour le séminaire; tu m'aimais alors! » **(15)**

Julien fut récompensé du sang-froid qu'il avait mis dans ce mot : il vit son amie oublier rapidement le danger que la présence de son mari lui faisait courir, pour songer au danger bien plus grand de voir Julien douter de son amour. Le jour croissait rapidement et éclairait vivement la chambre; Julien retrouva toutes les voluptés de l'orgueil, lorsqu'il put revoir dans ses bras et presque à ses pieds, cette femme charmante, la seule qu'il eût aimée et qui, peu d'heures auparavant, était tout entière à la crainte d'un Dieu terrible et à l'amour de ses devoirs. Des résolutions fortifiées par un an de constance n'avaient pu tenir devant son courage.

Bientôt on entendit du bruit dans la maison; une chose à laquelle elle n'avait pas songé vint troubler Mme de Rênal.

« Cette méchante Élisa va entrer dans la chambre, que faire de cette énorme échelle? dit-elle à son ami; où la cacher? Je vais la porter au grenier, s'écria-t-elle tout à coup, avec une sorte d'enjouement.

— Mais il faut passer dans la chambre du domestique, dit Julien étonné.

— Je laisserai l'échelle dans le corridor, j'appellerai le domestique et lui donnerai une commission.

— Songe à préparer un mot pour le cas où le domestique passant devant l'échelle, dans le corridor, la remarquera.

— Oui, mon ange, dit Mme de Rênal en lui donnant un baiser. Toi, songe à te cacher bien vite sous le lit, si, pendant mon absence, Élisa entre ici. » **(16)**

─────── **QUESTIONS** ───────

15. Comment les rappels discrets de déroulement de temps pendant cette scène de séparation sont-ils liés à l'évocation du décor? Lorsqu'il veut prolonger son séjour d'une journée, Julien agit-il encore pour assurer sa victoire? Y a-t-il une ressemblance entre Julien et Valmont des *Liaisons dangereuses* de Laclos? Pourriez-vous, d'autre part, rapprocher Mme de Rênal et la Présidente de Tourvel?

Question 16, v. p. 153.

UN AMBITIEUX — 153

300 Julien fut étonné de cette gaieté soudaine. « Ainsi, pensa-t-il, l'approche d'un danger matériel, loin de la troubler, lui rend sa gaieté, parce qu'elle oublie ses remords! Femme vraiment supérieure! ah! voilà un cœur dans lequel il est glorieux de régner! » Julien était ravi.

305 Mme de Rênal prit l'échelle; elle était évidemment trop pesante pour elle. Julien allait à son secours; il admirait cette taille élégante et qui était si loin d'annoncer de la force, lorsque tout à coup, sans aide, elle saisit l'échelle, et l'enleva comme elle eût fait d'une chaise. Elle la porta rapidement dans le cor-
310 ridor du troisième étage où elle la coucha le long du mur. Elle appela le domestique, et pour lui laisser le temps de s'habiller, monta au colombier. Cinq minutes après, à son retour dans le corridor, elle ne trouva plus l'échelle. Qu'était-elle devenue? Si Julien eût été hors de la maison, ce danger ne
315 l'eût guère touchée (17). Mais, dans ce moment, si son mari voyait cette échelle! cet incident pouvait être abominable. Mme de Rênal courait partout. Enfin elle découvrit cette échelle sous le toit où le domestique l'avait portée et même cachée. Cette circonstance était singulière, autrefois elle l'eût alarmée.

320 « Que m'importe, pensa-t-elle, ce qui peut arriver dans vingt-quatre heures, quand Julien sera parti? tout ne sera-t-il pas alors pour moi horreur et remords? »

Elle avait comme une idée vague de devoir quitter la vie, mais qu'importe! Après une séparation qu'elle avait crue éter-
325 nelle, il lui était rendu, elle le revoyait, et ce qu'il avait fait pour parvenir jusqu'à elle montrait tant d'amour!

En racontant l'événement de l'échelle à Julien :

« Que répondrai-je à mon mari, lui dit-elle, si le domestique lui conte qu'il a trouvé cette échelle? » Elle rêva un instant;

───── **QUESTIONS** ─────

16. Analysez les causes de l'orgueil satisfait de Julien. Appréciez les changements survenus depuis les précédents chapitres dans la personnalité de Julien. Mme de Rênal a-t-elle changé ou retrouve-t-elle les remords enfuis, le ton d'autrefois? Quelle expression le prouve? Quel est l'incident dans le cours du récit qui va changer le ton et l'intensité de cette scène? Pourquoi l'auteur a-t-il ménagé une sorte de détente?

17. A quel chapitre déjà connu pouvez-vous vous référer pour apprécier l'attitude de Mme de Rênal? Le jugement de Julien sur son amie en cette circonstance vous paraît-il juste? La situation, l'« accessoire » semblent placer brusquement nos deux héros dans une atmosphère de comédie. Quels sont les éléments qui cependant les en éloignent? Relevez les détails qui donnent du mouvement et de la vie à ce récit?

« il leur faudra vingt-quatre heures pour découvrir le paysan qui te l'a vendue » ; et se jetant dans les bras de Julien, en le serrant d'un mouvement convulsif : « Ah! mourir, mourir ainsi! s'écriait-elle en le couvrant de baisers ; mais il ne faut pas que tu meures de faim, dit-elle en riant. **(18)**

« Viens ; d'abord je vais te cacher dans la chambre de Mme Derville, qui reste toujours fermée à clef. » Elle alla veiller à l'extrémité du corridor, et Julien passa en courant. « Garde-toi d'ouvrir, si l'on frappe, lui dit-elle, en l'enfermant à clef ; dans tous les cas, ce ne serait qu'une plaisanterie des enfants en jouant entre eux.

— Fais-les venir dans le jardin, sous la fenêtre, dit Julien, que j'aie le plaisir de les voir, fais-les parler.

— Oui, oui », lui cria Mme de Rênal en s'éloignant.

Elle revint bientôt avec des oranges, des biscuits, une bouteille de vin de Malaga ; il lui avait été impossible de voler du pain.

« Que fait ton mari? dit Julien.

— Il écrit des projets de marchés avec des paysans. »

Mais huit heures avaient sonné, on faisait beaucoup de bruit dans la maison. Si l'on n'eût pas vu Mme de Rênal, on l'eût cherchée partout ; elle fut obligée de le quitter. Bientôt elle revint, contre toute prudence, lui apportant une tasse de café ; elle tremblait qu'il ne mourût de faim. **(19)** [...]

[Cependant, quelques imprudences de Mme de Rênal et de Julien ainsi que l'espionnage des domestiques trahissent une présence singulière. Et M. de Rênal a des soupçons.]

[...] Mme de Rênal avait oublié que, depuis le dîner, elles[54] étaient remplies de pain.

---

54. Il s'agit des poches du tablier de Mme de Rênal.

QUESTIONS

18. Dans tout ce passage, Mme de Rênal vous paraît-elle maîtresse d'elle-même et de la situation? A quel moment, l'auteur exprime-t-il la raison profonde de ses actes? Quelles expressions traduisent ici le mélange d'exaltation et d'enjouement de Mme de Rênal?

19. Quel personnage domine ce passage et dirige l'action? Quels traits de cette intrigue particulière rapprochent Julien de Fortunio dans la comédie de Musset *le Chandelier*? Comment peu à peu l'auteur rappelle-t-il le monde extérieur et le sentiment du temps qui oppose les deux amants?

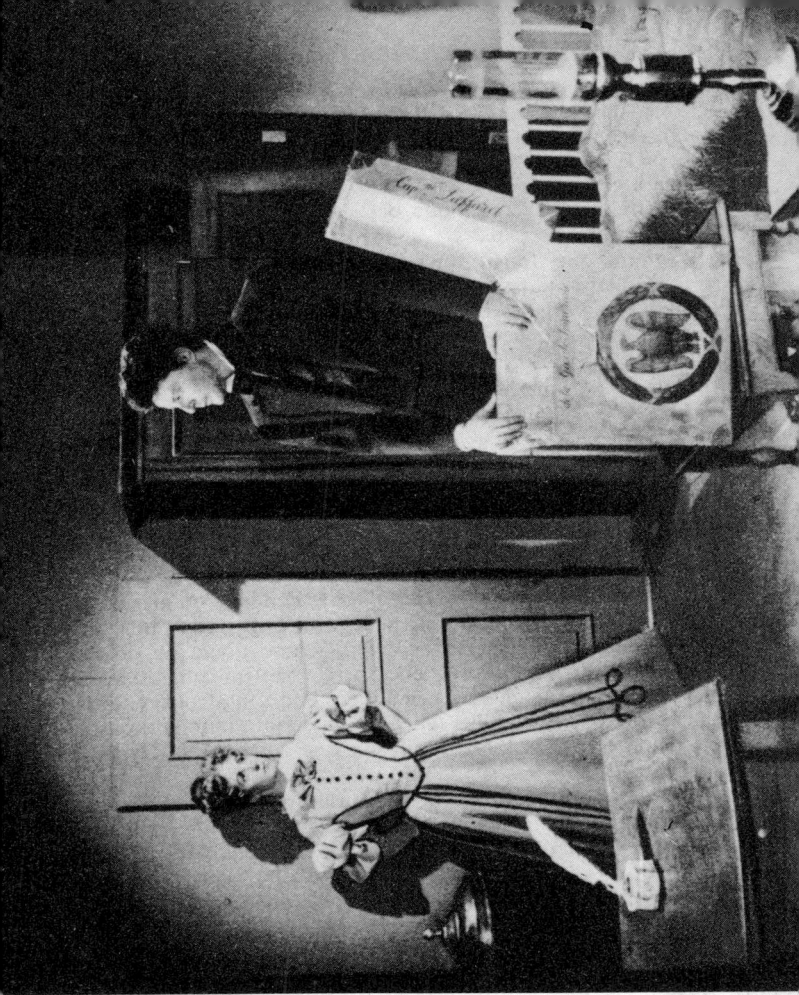

La séparation. Gérard Philipe (Julien Sorel) et Danielle Darrieux (Mme de Rênal), dans le film de Claude Autant-Lara.

Phot. Franco London Film.

Julien la serra dans ses bras avec la plus vive passion ; jamais elle ne lui avait semblé si belle. « Même à Paris, se disait-il confusément, je ne pourrai rencontrer un plus grand caractère. » Elle avait toute la gaucherie d'une femme peu accou-
360 tumée à ces sortes de soins, et en même temps le vrai courage d'un être qui ne craint que des dangers d'un autre ordre et bien autrement terribles.

Pendant que Julien soupait de grand appétit, et que son amie le plaisantait sur la simplicité de ce repas, car elle avait
365 horreur de parler sérieusement, la porte de la chambre fut tout à coup secouée avec force. C'était M. de Rênal.

« Pourquoi t'es-tu enfermée ? » lui criait-il.

Julien n'eut que le temps de se glisser sous le canapé.

« Quoi ! vous êtes tout habillée, dit M. de Rênal en entrant ;
370 vous soupez, et vous avez fermé votre porte à clef. » **(20)**

Les jours ordinaires, cette question, faite avec toute la séche-
resse conjugale, eût troublé Mme de Rênal, mais elle sentait que son mari n'avait qu'à se baisser un peu pour apercevoir Julien ; car M. de Rênal s'était jeté sur la chaise que Julien
375 occupait un moment auparavant vis-à-vis le canapé.

La migraine servit d'excuse à tout. Pendant qu'à son tour son mari lui contait longuement les incidents de la poule qu'il avait gagnée au billard du Casino, « une poule de dix-neuf francs ma foi ! » ajoutait-il, elle aperçut sur une chaise, à trois
380 pas devant eux, le chapeau de Julien. Son sang-froid redoubla, elle se mit à se déshabiller, et, dans un certain moment, passant rapidement derrière son mari, jeta une robe sur la chaise au chapeau.

M. de Rênal partit enfin. Elle pria Julien de recommencer
385 le récit de sa vie au séminaire ; « hier je ne t'écoutais pas, je ne songeais, pendant que tu parlais, qu'à obtenir de moi de te renvoyer ».

Elle était l'imprudence même. Ils parlaient très haut ; et il pouvait être deux heures du matin, quand ils furent inter-
390 rompus par un coup violent à la porte. C'était encore M. de Rênal. **(21)**

QUESTIONS
---

20. Comment sont rendus le ton et le mouvement dramatique de la fin de cette scène ? Relevez les événements tragi-comiques de cet épisode de « mari jaloux » ?

Question 21, v. p. 157.

« Ouvrez-moi bien vite, il y a des voleurs dans la maison! disait-il, Saint-Jean a trouvé leur échelle ce matin.

— Voici la fin de tout, s'écria Mme de Rênal, en se jetant dans les bras de Julien. Il va nous tuer tous les deux, il ne croit pas aux voleurs; je vais mourir dans tes bras, plus heureuse à ma mort que je ne le fus de la vie. » Elle ne répondait nullement à son mari qui se fâchait, elle embrassait Julien avec passion.

« Sauve la mère de Stanislas, lui dit-il avec le regard du commandement. Je vais sauter dans la cour par la fenêtre du cabinet, et me sauver dans le jardin, les chiens m'ont reconnu. Fais un paquet de mes habits, et jette-le dans le jardin aussitôt que tu le pourras. En attendant, laisse enfoncer la porte. Surtout, point d'aveux, je le défends, il vaut mieux qu'il ait des soupçons que des certitudes.

— Tu vas te tuer en sautant! » fut sa seule réponse et sa seule inquiétude.

Elle alla avec lui à la fenêtre du cabinet; elle prit ensuite le temps de cacher ses habits. Elle ouvrit enfin à son mari bouillant de colère. Il regarda dans la chambre, dans le cabinet, sans mot dire, et disparut. Les habits de Julien lui furent jetés, il les saisit, et courut rapidement vers le bas du jardin du côté du Doubs.

Comme il courait, il entendit siffler une balle, et aussitôt le bruit d'un coup de fusil.

« Ce n'est pas M. de Rênal, pensa-t-il, il tire trop mal pour cela. » Les chiens couraient en silence à ses côtés, un second coup cassa apparemment la patte à un chien, car il se mit à pousser des cris lamentables. Julien sauta le mur d'une terrasse, fit à couvert une cinquantaine de pas, et se remit à fuir dans une autre direction. Il entendit des voix qui s'appelaient, et vit distinctement le domestique, son ennemi, tirer un coup de fusil; un fermier vint aussi tirailler de l'autre côté du jardin, mais déjà Julien avait gagné la rive du Doubs où il s'habillait.

─────── **QUESTIONS** ───────

21. Comment, dans cette dernière scène, Stendhal a-t-il voulu montrer que, du couple mal assorti qu'ils étaient au départ du livre, M. et Mme de Rênal sont devenus étrangers l'un à l'autre et sans doute ennemis? L'auteur a-t-il souligné ou seulement suggéré la mésentente entre les deux époux et les ravages causés par l'adultère? Vous comparerez les époux Rênal et les époux Bovary. Quel « éclairage » différent d'une même situation a donné Stendhal?

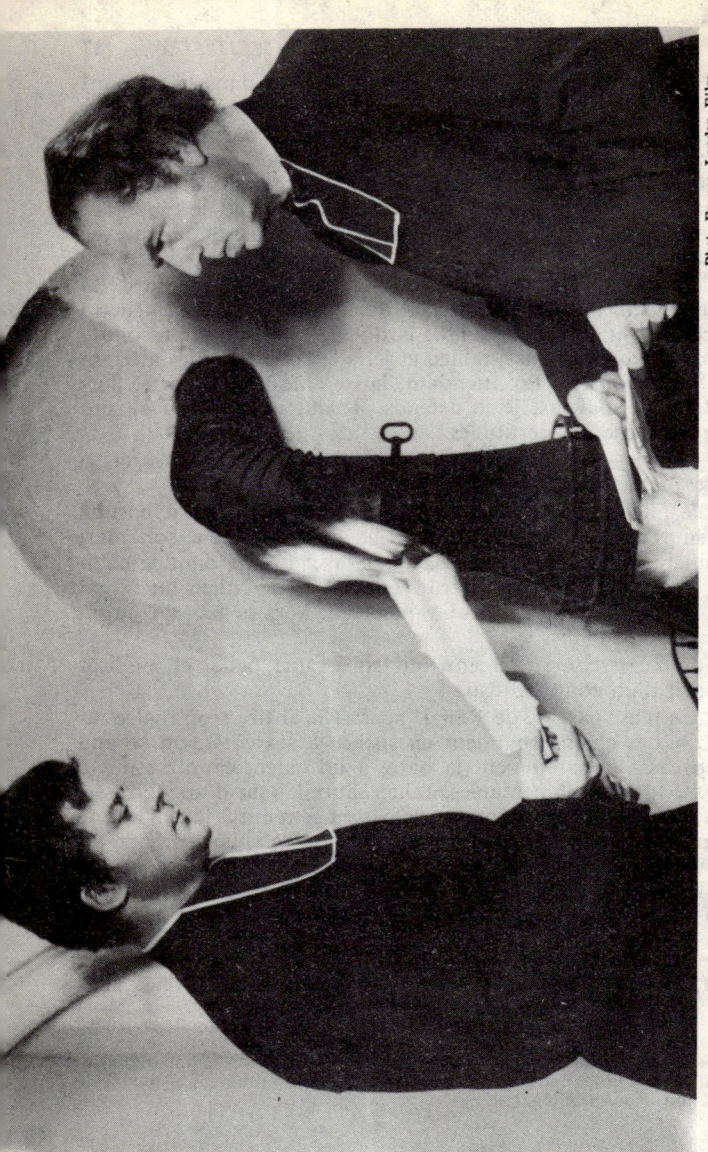

Le séminaire : Gérard Philipe (Julien Sorel) et Balpêtré (l'abbé Pirard) dans le film de Claude Autant-Lara.

Phot. Franco London Film.

Une heure après, il était à une lieue de Verrières, sur la route de Genève; « si l'on a des soupçons, pensa Julien, c'est sur la route de Paris qu'on me cherchera. » **(22) (23)**

FIN DU LIVRE PREMIER

───── **QUESTIONS** ─────

22. Montrez les réactions différentes des deux amants en passe d'être surpris? Comment s'explique l'attitude de Mme de Rênal? Pourquoi Julien fait-il appel à ses sentiments maternels? Quelle circonstance dramatique du roman rappelle cette allusion? Comment Julien redevient-il maître de la situation? La fin de cet épisode met-elle en valeur la bravoure de Julien? La situation est-elle glorieuse ou seulement périlleuse?

23. Sur l'ensemble du chapitre XXX. — Technique romanesque. Par deux fois recommandé par un ecclésiastique : l'abbé Chélan pour entrer au séminaire, l'abbé Pirard pour devenir secrétaire de M. de La Mole, Julien fait également à deux reprises ses adieux à Mme de Rênal (voir fin du chapitre XXIII). Comment l'auteur a-t-il réussi à donner l'impression de scènes entièrement nouvelles dans des situations et des circonstances romanesques qui se répètent? Comment les deux héros ont-ils résisté à l'épreuve du temps et de la séparation? Quelle conviction emporte Julien en route vers son nouveau destin?

Vraisemblance du récit. Stendhal a connu chez la comtesse Curial à Mouchy, où il demeura caché pendant trois jours, une situation semblable à celle de Julien : comment cet épisode romanesque vous donne-t-il l'impression du réel et du vécu? La fin de ce chapitre n'est-elle pas sans rappeler également un épisode des *Nozze di Figaro*, chères à Stendhal? Quel rapprochement s'impose entre Mme de Rênal et la Comtesse des *Noces* dissimulant Chérubin dans sa chambre et dissipant les soupçons du Comte furieux? La prose de Stendhal et la musique de Mozart n'ont-elles pas, dans une scène identique, les mêmes cadences dramatiques et le même rythme enlevé? Montrez-le en vous appuyant sur des exemples précis pour Stendhal.

DOCUMENTATION THÉMATIQUE
réunie par la Rédaction des Nouveaux Classiques Larousse.

Stendhal, critique de lui-même.

STENDHAL, CRITIQUE DE LUI-MÊME

> Stendhal écrivit ce projet d'article sous un pseudonyme et l'envoya au comte Salvagnoli, avocat et écrivain florentin. On y cherchera ce qui trahit Henri Beyle; on tentera de déceler la méthode critique et d'apprécier la valeur de ce témoignage.

18 octobre-3 novembre 1832.

Puisque vous le désirez, je mets par écrit ce que j'ai eu l'honneur de vous dire hier soir.

La grande occupation des femmes de province en France, c'est de lire des romans. Les mœurs sont fort pures en France dans les petites villes; chaque femme surveille sa voisine et Dieu sait qu'il n'y eut jamais de police mieux faite. Un homme ne peut pas aller six fois dans une maison où se trouve une femme un peu passable sans que tout le voisinage ne soit en émoi; et les punitions infligées par cette police si vigilante sont terribles. Une malheureuse femme habitant une ville de France au-dessous de vingt mille âmes, et *qui a fait parler d'elle* (*ce sont* les termes sacramentels inventés *par la pruderie provinciale*), n'est plus engagée à aucun des bals qui se donnent dans sa petite ville. Cette punition officielle entraîne le mépris universel. Si la coupable trouve le moyen de pénétrer dans la salle de bal, les femmes affectent de ne pas lui adresser la parole : la honte, le mépris, la douleur soufferte sont excessifs. Or le caractère français peut tout supporter excepté le *mépris exprimé en public,* et l'on voit chaque année quelqu'une de ces malheureuses femmes de province que l'amour a un peu compromises aux yeux de leurs voisines, mettre fin par le *suicide* à une existence désormais insupportable.

Celles qui ont moins de fermeté se contentent d'aller s'enterrer à la campagne et de leur vie ne reparaissent plus aux bals du carnaval ni dans les sociétés de leur petite ville. A la campagne, les paysans les plus pauvres les plaignent et les méprisent un peu. On a vu des maris plus indulgents que le public de leur petite ville combler de marques de considération et d'affection leurs femmes que les bavardes et les bigotes de la petite ville avaient un jour déclarées coupables. Ces bons maris ont essayé de retirer leurs femmes de la campagne; ils ont voulu les produire dans les promenades publiques de leur petite ville; à l'instant, toutes les femmes ont déserté le côté de la promenade où la malheureuse proscrite prenait l'air avec son mari. Les jeunes enfants de la malheureuse femme, qui l'accompagnaient à la promenade, se sont eux-mêmes aperçus de ce mouvement général et lui en ont demandé la cause.

Telles sont les mœurs que le gouvernement de Louis XVIII et de Charles X a données à la province en France. Ces princes, surtout le premier, quoique fort peu disposé pour la galanterie (il passait pour y être peu propre[1]), avaient beaucoup de grâce, aimaient les femmes, savaient leur parler et étaient bien éloignés de la sotte pruderie qui sous leur règne est venue attrister la France, et lui faire perdre des droits au titre de *gaie* qu'elle méritait si bien avant la Révolution. On peut dire que, dans les intérêts de son despotisme, Napoléon a fondé cette ennuyeuse pruderie, et que la *congrégation* l'a fixée dans les mœurs de la province. Elle a mis partout la délation et l'espionnage. Ses chefs ont voulu connaître le nom du journal qui était lu dans chaque maison de chaque petite ville de France et ils y sont parvenus. Ils ont voulu savoir les visites qu'on y recevait pendant chaque journée et ils l'ont su, et tout cela sans frais, sans dépenses, uniquement par l'espionnage volontaire des personnes bien pensantes.

Voilà les mœurs nouvelles pour la France qu'a voulu peindre M. de S[tendhal] l'auteur du *Rouge*. Mais avant d'arriver à l'analyse de cet ouvrage, nous devons faire remarquer une autre conséquence des habitudes morales de la France, de ses *mœurs*, telles qu'elles se sont établies de 1806 à 1832 ; on peut dire qu'elles sont entièrement inconnues à l'étranger qui cherche encore des images de la société française dans les contes de Marmontel ou dans les romans de Mme de Genlis.

Tout est changé du tout au tout en France. On trouvera une image fidèle des mœurs des villes de province avant la Révolution, non pas dans les contes *musqués* de Marmontel, mais dans un charmant petit roman du baron de Bezenval, intitulé *le Spleen*. On y verra combien avant 1789 on s'amusait en France. Autre preuve : toutes les histoires de la vie de Napoléon commencent par la description de la vie agréable qu'il menait à Valence (en Dauphiné) quand il était lieutenant d'artillerie dans le régiment en garnison dans cette petite ville. On y trouvait trois ou quatre maisons ouvertes tous les soirs. Rien de semblable aujourd'hui, tout est triste et guindé dans les villes de six à huit mille âmes. L'étranger y est aussi embarrassé de sa soirée qu'en Angleterre. Les hommes ont pris le goût de la chasse et de l'agriculture, et leurs pauvres moitiés ne pouvant faire des romans se consolent en en lisant.

De là l'immense consommation de romans qui a lieu en France. Il n'est guère de femme de province qui ne lise cinq ou six volumes par mois, beaucoup en lisent quinze ou vingt, aussi l'on ne trouve pas de petite ville qui n'ait deux ou trois cabinets de lecture. Là, on loue des romans à un sou par volume et par jour. Quand le roman est de quelque auteur en renom, il rapporte deux et quelquefois jusqu'à trois sous par jour au cabinet littéraire. S'il y a des gravures de Tony Johannot, le dessinateur à la mode et qui a dans le fait un talent bien original, et si le roman a été bien *prôné*

---

1. Impuissant.

dans les journaux, le maître du cabinet littéraire coupe en deux chaque volume du roman et chaque moitié se loue trois sous par jour. Mais pour obtenir cette marque de succès, il est indispensable que le livre soit imprimé sous format in-octavo.

L'ouvrage dont nous allons rendre compte a obtenu l'honneur des trois sous, et qui plus est, d'être ainsi écartelé.

Toutes les femmes de France lisent des romans, mais toutes n'ont pas le même degré d'éducation, de là, la distinction qui s'est établie entre les romans pour les *femmes de chambre* (je demande pardon de la crudité de ce mot inventé, je crois, par les libraires) et le roman des *salons*.

Le roman pour les femmes de chambre est en général imprimé sous format in-12 et chez M. Pigoreau. C'est un libraire de Paris qui, avant la crise commerciale de 1831, avait gagné un demi-million à faire pleurer les beaux yeux de province. Car malgré cette appellation méprisante de roman *pour les femmes de chambre,* le roman de Pigoreau in-12, où le héros est toujours parfait et d'une beauté ravissante, fait *au tour* et avec de grands yeux à *fleur de tête,* est beaucoup plus lu en province que le roman in-8° imprimé chez Levavasseur ou Gosselin, et dont l'auteur cherche le mérite littéraire.

Il y a tel auteur qui a fait quatre-vingts volumes de romans imprimés à Paris, dont le nom est dans toutes les bouches, à Toulouse, Marseille, Bayonne, Agen, et que personne absolument ne connaît à Paris. Tel est par exemple M. le baron de La Mothe-Langon, auteur du roman intitulé *Monsieur le Préfet* et de vingt autres. MM. Paul de Kock, Victor Ducange, etc., seraient aussi inconnus à Paris que M. le baron de La Mothe-Langon, s'ils ne prenaient le parti de faire des drames et mélodrames avec leurs romans.

A Paris, à Rouen et dans quelques villes du nord de la France, plus civilisées que le Midi, le roman de *femme de chambre* ne passe jamais au salon. Rien ne semble plus fade, à Paris, que ce héros toujours parfait, que ces femmes malheureuses, innocentes et persécutées, des romans de femme de chambre.

La province lit bien quelquefois le roman de bonne compagnie, le roman in-8° imprimé chez Levavasseur, mais en général, elle ne le comprend pas tout entier. Elle le lit plutôt pour accomplir un devoir que pour se donner un plaisir.

Walter Scott et M. Manzoni ont seuls fait exception, et les ouvrages de ces grands poètes ont été lus également en province et à Paris. Avec cette différence pourtant, que Paris s'ennuie des premiers volumes de Walter Scott, remplis de détails trop circonstanciés et trop peu animés ; ces détails au contraire font le charme de la province. Paris s'est un peu ennuyé des détails que donne M. Manzoni sur la peste de 1628 à Milan et les *Untori,* la province, au contraire, en a frémi.

Sir Walter Scott a eu environ deux cents imitateurs en France ; tous les ouvrages de ces auteurs ont été lus, quelques-uns même ont eu plusieurs éditions et sont parvenus à se faire lire à Paris ; mais après un an ou deux, ils sont tombés dans un profond oubli.

Dans les romans de *femmes de chambre,* peu importe que les événements soient absurdes, calculés à point nommé pour faire briller le héros, en un mot ce qu'on appelle par dérision *romanesques.*

Les petites bourgeoises de province ne demandent à l'auteur que des scènes extraordinaires qui les mettent toutes en larmes ; *peu importent les moyens* qui les amènent. Les dames de Paris au contraire, qui consomment les romans in-8°, sont sévères en diable pour les événements *extra-ordinaires.* Dès qu'un événement a l'air d'être amené à point nommé pour faire briller le héros, elles jettent le livre et l'auteur est ridicule à leurs yeux.

C'est à cause de ces deux *exigences opposées* qu'il est si difficile de faire un roman qui soit lu à la fois dans la chambre des bourgeoises de province et dans les salons de Paris.

Tel était en 1830 l'état du public français par rapport au roman. Le génie de Walter Scott avait mis le Moyen Age à la mode ; on était sûr du succès en employant deux pages à décrire la vue que l'on avait de la fenêtre de la chambre où était le héros ; deux autres pages à décrire son habillement, et encore deux pages à représenter la forme du fauteuil sur lequel il était posé. M. de S[tendhal], ennuyé de tout ce Moyen Age, de l'*ogive* et de l'habillement du XVe siècle, osa raconter une aventure qui eut lieu en 1830 et laisser le lecteur dans une ignorance complète sur la forme de la robe que portent Mme de Rênal et Mlle de La Mole, ses deux héroïnes, car ce roman en a deux, contre toutes les règles suivies jusqu'ici.

L'auteur a osé bien plus, il a osé peindre le caractère de la femme de Paris qui n'aime son amant qu'autant *qu'elle se croit tous les matins sur le point de le perdre.*

Tel est l'effet produit par l'immense vanité qui est devenue à peu près la seule passion de cette ville où l'on a tant d'esprit. Ailleurs, un amant peut se faire aimer en protestant de l'ardeur de sa passion, de sa fidélité, etc., etc., et en prouvant à sa belle ces louables qualités. A Paris, plus il persuade qu'il est fixé à jamais, qu'il *adore*, plus il se ruine dans l'esprit de sa maîtresse. Voilà une chose que les Allemands ne croiront jamais, mais j'ai bien peur cependant que M. de S[tendhal] n'ait été peintre fidèle.

La vie des Allemands est *contemplative* et *imaginative,* celle des Français est toute de vanité et d'activité.

La morale, exécrable aux yeux des belles, qui résulte du livre de M. de S[tendhal] est celle-ci :

Jeunes hommes qui voulez être aimés dans une civilisation où la vanité est devenue sinon la passion, du moins le sentiment de tous les instants, chaque matin persuadez avec politesse à la femme qui

la veille était votre maîtresse adorée, que vous êtes sur le point de la quitter.
Ce nouveau système, s'il prend jamais, va renouveler tout le dialogue de l'amour. En général, jusqu'au moment de la prétendue découverte de M. de S[tendhal], quand un amant ne savait que dire à sa belle, quand il était sur le point de s'ennuyer, il se rejetait vivement dans la protestation des sentiments les plus vifs, dans l'*extase*, dans les transports du bonheur, etc., M. de S[tendhal] arrive avec ses deux volumes amusants pour démontrer aux pauvres amants que ces propos qu'ils croyaient sans conséquence, *sont leur ruine*. Suivant cet auteur, quand un amant s'ennuie auprès de sa maîtresse, ce qui, à toute force, peut arriver quelquefois dans ce siècle si moral, si hypocrite, et par conséquent si ennuyeux, ce qu'il y a de mieux à faire, c'est tout simplement de ne pas nier son ennui. C'est un accident, c'est un malheur tout comme un autre. Ceci paraîtra tout simple à notre Italie, le *naturel* dans les façons, dans les discours, y étant le *beau idéal;* mais en France, pays plus affecté, ce sera une grande innovation.

Le naturel dans les façons, dans les discours est le beau idéal auquel M. de S[tendhal] revient dans toutes les scènes importantes de son roman et il y en a de terribles à en juger seulement par la vignette que le libraire Levavasseur, fidèle à la mode, a placée sur la couverture enjolivée de son livre : on y voit l'héroïne, Mlle de La Mole, qui tient entre ses bras la tête de son amant que l'on vient de couper. Mais avant d'arriver à cet état-là, cette tête a fait bien des folies, et ces folies étonnent sans cesser d'être naturelles. Voilà le mérite de M. de S[tendhal].
Dans les folies des héros de roman vulgaire, il n'y a de bonne que la première parce qu'elle étonne. Toutes les autres sont comme les originalités des sots dans la vie réelle, on s'y attend, partant elles ne valent rien, elles sont plates. Le genre plat est le grand écueil du roman in-12, écrit pour les femmes de chambre. Mais le grand bonheur des écrivains de ce genre de roman, c'est que ce qui semble *plat* dans les salons de Paris est *intéressant* pour la petite ville de huit mille habitants au pied des Alpes ou des Pyrénées et encore plus pour l'Amérique et l'étranger où vont finir des milliers de volumes de romans français.
La France *morale* est ignorée à l'étranger, voilà pourquoi avant d'en venir au roman de M. de S[tendhal] il a fallu dire que rien ne ressemble moins à la France gaie, amusante, un peu libertine, qui de 1715 à 1789 fut le modèle de l'Europe, que la France grave, morale, morose que nous ont léguée les jésuites, les congrégations et le gouvernement des Bourbons de 1814 à 1830. Comme rien n'est plus difficile en fait de romans que de peindre d'après nature, de ne pas *copier des livres*, personne encore avant M. de S[tendhal] ne s'était hasardé à faire le portrait de ces mœurs si peu aimables,

mais qui malgré cela, vu l'esprit mouton de l'Europe, finiront par régner de Naples à Saint-Pétersbourg.

Remarquez une difficulté dont nous ne nous doutons pas à l'étranger. En faisant le portrait de la société de 1829 (époque où ce roman a été écrit), l'auteur s'exposait à déplaire aux laids visages dont il traçait les ressemblances, et ces laids visages alors tout-puissants pouvaient fort bien le traduire devant les tribunaux et l'envoyer pour treize mois aux *galères* de Poissy comme MM. Magallon et Fontan.

Voici enfin l'histoire de ce roman qui est fort intéressante.

Verrières est une des plus jolies villes de la Franche-Comté, bâtie sur le penchant d'une colline au milieu de bouquets de grands châtaigniers. Le *Doubs*, une des rivières les plus pittoresques de la France, coule au midi, au bas de la colline sur le penchant de laquelle se déploie Verrières. Du côté du nord, Verrières est abritée par une montagne du Jura. C'est un riant assemblage de maisons blanches à toits rouges, de scies à bois et de jolies filles qui fabriquent des clous. La ville est propre, car elle a été construite en grande partie depuis 1814, époque de la chute de Napoléon et de la renaissance du commerce en France, mais elle est dévote, elle est entièrement menée par le curé, prêtre vertueux, par le maire nommé M. de Rênal, nommé par la congrégation de 1815, et par le vicaire Maslon, envoyé en 1824 pour surveiller le curé et le maire que la congrégation devenue toute-puissante ne trouve pas assez aveuglément dévoués à ses intérêts.

Verrières, dans ce livre, est un lieu imaginaire que l'auteur a choisi comme le type des villes de province.

Le maire, M. de Rênal, est un homme de haute taille. Il a de grands traits qui n'expriment rien que l'amour de l'argent. Il a 48 à 50 ans, il est chevalier de plusieurs ordres, très entiché de sa noblesse, il a épousé une femme fort riche. Il passe dans la grande rue de Verrières, l'auteur nous montre les paysans qui le saluent avec respect.

Rien de plus naturel : depuis huit ou dix ans, M. de Rênal peut tout à Verrières.

Après le curé fort honnête homme, et le maire, il y a encore un autre homme à voir, c'est M. Valenod, directeur du dépôt de mendicité. Cette place lui vaut 10 ou 12 000 francs et il ne la conserve qu'en se montrant l'âme damnée de la congrégation, dont il est le favori. Dans les hauts desseins de cette secte toute-puissante, quelque royalistes que soient M. de Rênal le maire et M. Chélan le curé, ils doivent à la première occasion être remplacés par M. Valenod qui ne rougit de rien et par M. le vicaire Maslon, tête tout à fait fanatisée.

Au moment où commence notre roman, M. Valenod, protégé pendant longtemps par M. de Rênal, commence à exciter la jalousie du maire.

Je vous prie de ne pas perdre de vue un instant ces deux personnages : M. de Rênal et M. Valenod. Ces deux hommes sont les portraits de la moitié des gens aisés en France vers l'an 1825. M. de Rênal est l'homme ministériel, l'homme important des petites villes. M. Valenod est le jésuite de robe courte, tel qu'il était en province, hardi, remuant, fourbe, ne se trouvant humilié de rien, se prêtant à tous les rôles pour plaire à son général. En revanche ce général se charge de son avenir ; nous verrons dans le cours de cette histoire, M. Valenod devenir successivement baron, membre de la chambre des députés, en un mot faire une grande fortune, lui, petit bourgeois d'une petite ville auquel son père a laissé un seul habit vert et 600 livres de rente. Au commencement de la présente histoire, la congrégation a déjà fait de M. Valenod un directeur du dépôt de mendicité de Verrières ; il a déjà une calèche, des chevaux, il donne des dîners aux gens bien pensants, et les ambitieux de Verrières qui veulent faire fortune préfèrent ses dîners à ceux du très noble M. de Rênal, lequel a beaucoup d'humeur.

Dernièrement M. Valenod a acheté deux beaux chevaux normands et sa calèche, récemment arrivée de Paris, éclipse le carrosse de M. de Rênal. Pour ressaisir sa supériorité de position, M. de Rênal imagine de donner un précepteur à ses trois jeunes enfants. Il choisit pour cet emploi le fils d'un charpentier de la petite ville, nommé Julien Sorel. Julien est le héros du drame, j'ai besoin de dire qui il est.

Julien est un petit jeune homme faible et joli, aux yeux noirs, aux impressions passionnées. Comme il est inférieur à ses frères et à son père dans l'art de manier la hache (le père Sorel a une *scie à bois*), il en est méprisé ; Julien est battu par ses frères et par son père, il les hait. Il sait lire, avantage que personne ne partage dans sa famille. Un oncle en mourant lui a laissé les *Confessions* de J.-J. Rousseau et le *Mémorial de Sainte-Hélène*. Julien dévore ces ouvrages qui développent son âme. Comme, dans sa famille, il est l'objet, le but constant des coups de poing et des plaisanteries, cette âme profondément sensible et sans cesse outragée, devient méfiante, colère, envieuse même pour tous les bonheurs dont elle se voit barbarement privée, fière surtout, plus fière que M. de Rênal avec sa belle maison, ses richesses, son carrosse, sa noblesse et toutes les croix qui pendent à sa boutonnière.

Le vieux et honnête curé Chélan a enseigné le latin par charité à ce pauvre petit Julien qu'il voit trop faible pour suivre l'état de charpentier. M. Chélan, qui lui trouve de l'élan, une profonde sensibilité et la passion de la lecture, a le projet de l'envoyer au séminaire et d'en faire un prêtre. M. Chélan dit à M. de Rênal : ce jeune homme sait parfaitement le latin. Sur cette recommandation, M. le maire de Verrières se met en négociation avec le père de Julien pour que celui-ci vienne chez lui. Après avoir marchandé longtemps et avoir saisi l'occasion de représenter les habitudes de la province en France dès qu'il s'agit d'argent, M. de S[tendhal] vous montre Julien installé dans la belle maison de M. de Rênal, il est le précepteur de ses trois jeunes fils.

Julien ne sait rien sur les hommes et sur le monde que ce qu'il a appris en lisant en cachette et à l'insu du curé Chélan, les *Confessions* de Rousseau. La position de Rousseau dans sa jeunesse a plus d'un rapport avec la sienne, de là l'immense influence de ce livre sur son caractère. Mais Julien se garde bien de parler de Rousseau et du *Mémorial de Sainte-Hélène*. Comme le curé Chélan et le maire de Rênal sont royalistes ardents, Julien ne nomme jamais Napoléon sans accoler une épithète injurieuse à ce nom qu'il adore en secret.

Aux yeux du monde, Julien sait, pour toute science, l'Ancien Testament en latin, il l'a appris par cœur et le récite, à tout venant, en commençant si l'on veut, par le dernier verset et finissant par le premier.

Ce genre de mérite est facile à apprécier, on ne peut le nier. La mémoire est comme le courage militaire, elle n'admet pas d'hypocrisie. Aussi, dès le premier moment Julien réussit chez M. de Rênal. M. de Rênal l'admire, les amis et les domestiques de la maison l'admirent. Quel bonheur pour la vanité du maire de Verrières, toute la petite ville ne parle que du bonheur qu'il a eu de déterrer un tel précepteur pour ses enfants. Pour comble de jouissance, M. Valenod lui envie ce jeune précepteur et fait tout au monde pour le lui enlever.

Au milieu de cette grandeur sordide, de cette richesse *si laide* d'un enrichi de petite ville, le caractère du jeune Julien qui, obscurément au fond de son cœur si jeune encore, sent profondément toute la *laideur* du luxe de M. le maire, est peint avec une vérité naïve et pleine de grâce. L'auteur ne traite nullement Julien comme un héros de roman de *femmes de chambre,* il montre tous ses défauts, tous les mauvais mouvements de son âme, d'abord bien égoïste parce qu'il est *bien faible* et que la première loi de tous les êtres depuis l'insecte jusqu'au héros, *est de se conserver*. Julien est bien le petit paysan humilié, isolé, ignorant, curieux, plein de fierté, car son âme est généreuse et il s'étonne de mépriser les bassesses du riche M. de Rênal qui ferait tout pour de l'argent. Julien se voit environné d'ennemis. On maudit chaque jour, devant lui, ce Napoléon qu'il adore, parce qu'il faisait un capitaine et bientôt un général d'un jeune paysan qui avait du courage. Julien est obligé pour jouer son rôle de jeune prêtre dévôt, de maudire hautement Napoléon. L'âme de Julien est dans une situation violente, il n'aime personne et chaque jour il est étonné de devoir mépriser davantage M. de Rênal, M. Valenod, tous les notables bons royalistes de la petite ville qui viennent manger le chapon gras chez M. le Maire.

Jusqu'ici nous avons parlé de personnages peints avec vérité, mais peu aimables. Cette nouvelle vie de province si ennuyeuse, si pleine de soupçons, qui a envahi la France depuis 1800 a produit un caractère de femme charmant, et qui était impossible au milieu des mœurs gaies qui ont régné de 1715 à 1790. Je n'ai pas encore parlé de Mme de Rênal. Mme de Rênal est une charmante femme comme il y en a beaucoup en province.

Grâce à la solitude, à l'isolement où l'on vit en province par peur d'être dénoncé par le voisin, même quand on est maire, même quand on est employé par la soupçonneuse congrégation, Mme de Rênal est une de ces femmes qui ne savent pas si elles sont belles, qui l'ignorent, qui regardent leur mari comme le premier homme du monde, tremblantes devant ce mari et croyant l'aimer de tout leur cœur, douces, modestes, tout entières à leur ménage, chastes et retirées, aimant Dieu et priant. Sans compter que leur négligé est élégant, qu'elles sont le plus souvent en robes blanches, qu'elles aiment les fleurs, les bois, l'eau qui coule, l'oiseau qui chante, la poule qui court entourée de ses poussins, femmes charmantes, sans faste, sans tristesse, sans gaîté, et qui meurent souvent sans avoir connu l'amour.

Telle était Mme de Rênal, cette femme impossible dans les mœurs égrillardes qui envahirent la France à la mort du superbe Louis XIV en 1715 et qui ont régné jusqu'à la mort funeste de son arrière-petit-fils Louis XVI en 1793.

L'âme noble de Mme de Rênal était choquée de la grossièreté des sentiments de M. de Rênal, mais elle ne s'avouait pas précisément son mépris intérieur pour ces âmes aux yeux desquelles l'argent est tout. Les amis que M. de Rênal réunissait à sa table n'estimaient comme lui que l'argent, les bonnes places bien rétribuées par le gouvernement, les croix qui permettent de tendre le jarret et de porter la tête haute en passant devant le voisin qui n'a pas de rubans. Mme de Rênal croyait que tous les hommes étaient comme son mari, lorsque au bout de six mois elle commence, à voir que ce petit abbé à figure pâle, assis au bas bout de la table à côté des enfants, n'adore pas l'argent avant tout. Et cependant il est si pauvre !

Peu à peu, elle le compare à M. Valenod, à son mari. Julien, pauvre précepteur à 400 francs de gages, tient moins à gagner de l'argent que M. de Rênal qui a 30 000 livres de rente. Peu à peu, l'âme simple de Mme de Rênal sympathise avec l'âme généreuse, fière, orgueilleuse de Julien. Elle se plaît à travailler assise à côté de lui. Mme de Rênal croit qu'elle agit ainsi par amour pour ses enfants. Quoiqu'elle ait près de trente ans, elle ne sait pas ce que c'est que l'amour. Elle ne l'a jamais éprouvé. Elle lit peu de romans, car les romans modernes sont libéraux et elle est ultra. M. Valenod à l'âme plus grossière encore que son mari a bien voulu lui faire la cour, mais il lui a fait horreur.

L'âme de Julien sans cesse heurtée par ce qu'il entend dire

dans cette maison royaliste est irritée, et colère. Il n'aime point Mme de Rênal.

Un soir d'été on passait la soirée sous un grand marronnier dans le jardin, tout près de la maison. Mme de Rênal touche par hasard la main de Julien et retire la sienne aussitôt. L'âme irritée et colère, Julien voit presque dans ce mouvement une marque de mépris. Il faut que je prenne cette main, se dit-il. Je dois obtenir qu'on me la laisse. Cela dit, Julien tremble, car enfin il n'a que dix-neuf ans, car enfin jamais encore il n'a serré la main d'une femme jeune. Cependant Julien a l'âme forte, le sentiment du *devoir* est tout-puissant sur lui. Il a puisé cette religion dans le *Mémorial de Sainte-Hélène*. Il se dit : « Si à minuit, je n'ai pas pu prendre sur moi de prendre la main de cette jeune femme qui est là à côté de moi, il est clair que je ne suis qu'un lâche, je monte à ma chambre et je me brûle la cervelle. »

Minuit sonne. Par un dernier effort de courage et non d'amour, remarquez bien ceci, Julien s'empare de cette main blanche et potelée, de cette main qu'on ne lui retire qu'avec une peine extrême et qu'enfin on lui laisse.

Pendant la nuit qui suit cette grande aventure, Mme de Rênal découvre qu'elle a de l'amour pour Julien, elle se fait horreur à elle-même. Le lendemain elle traite mal Julien en le trouvant au salon. Julien se dit : elle me méprise parce que je suis le fils d'un charpentier. Mon *devoir* est de forcer cette grande dame à m'aimer. L'orgueil de Julien, sa fierté justement blessée l'empêchent d'abord de prendre de l'amour. S'il en eût pris, la timidité, compagne inséparable d'une première passion, l'eût empêché à jamais de triompher de la vertu très sincère et très réelle de Mme de Rênal. Comme au contraire il n'a encore point d'amour, il se dit au bout d'un mois ou deux : il faut que cette nuit à deux heures, je me présente dans la chambre de Mme de Rênal. Il le lui dit ; malgré son amour qu'elle s'avoue maintenant et qui fait son tourment, la pauvre Mme de Rênal a horreur de cette idée.

Julien seulement a peur. Cependant, lorsque deux heures sonnent, il monte à la chambre de Mme de Rênal. Là le courage d'un côté, et de l'autre l'amour amènent un résultat qui eût été impossible si Julien eût été réellement amoureux. Mais Mme de Rênal est si jolie que bientôt Julien en est tout à fait épris. Cette pauvre femme très dévote a des remords affreux. Un de ses fils tombe malade, elle croit que c'est Dieu qui punit son *adultère,* car elle ne cherche point à se voiler sa faute. Une fois elle va même jusqu'à exiler Julien de la maison, mais au bout de trois jours elle n'y peut plus tenir, elle le rappelle.

Cependant toute la petite ville de Verrières est scandalisée. M. Valenod écrit une lettre anonyme à M. de Rênal. Jalousie de ce mari. La passion donne de l'esprit à Mme de Rênal, cette femme si simple trouve le moyen de neutraliser l'effet produit par la lettre

anonyme. Julien l'admire, sa passion redouble. Enfin un ami officieux vient avertir M. de Rênal des propos de sa petite ville. Julien est envoyé au séminaire de Besançon.
La partie remarquable de ce roman comme peinture de mœurs, c'est le séjour de Julien au séminaire. Le directeur, M. l'abbé Pirard, est un parfait honnête homme, mais il est janséniste. M. de Frilair, grand vicaire de Besançon et chef de la congrégation, finit par forcer l'abbé Pirard à donner sa démission.
M. Pirard se réfugie à Paris auprès de M. le marquis de La Mole, pair de France et cordon bleu. C'est un homme d'esprit aimant les plaisirs, grand seigneur de l'Ancien Régime. La Révolution qui ne date que de 1794 (fin de la Terreur) n'a pas encore eu le temps de créer son caractère de grand seigneur. Cet homme aimable, M. de La Mole, a besoin d'un secrétaire qui ne se laisse pas *graisser la patte* par la police. L'abbé Pirard lui propose Julien. On le fait venir à Paris. Le voilà installé dans l'hôtel de M. le marquis de La Mole. D'abord tout le monde se moque de sa gaucherie. M. de La Mole et son fils Norbert le protègent.
Au bout d'une année, Julien est devenu moins gauche dans le salon. M. de La Mole est paresseux; Julien est son *factotum*. Julien va quelquefois parler dans le salon, il trouve le moyen, car il est plein d'orgueil ou du moins ne veut pas être méprisé, il trouve le moyen de briller quelquefois dans ce salon doré rempli de ducs et pairs et d'espions. Ici encore on rencontre une peinture bien vraie de salons du faubourg Saint-Germain. Les grands seigneurs, paresseux avant tout, et regardant le travail comme *le pire des maux,* et d'un autre côté ayant peur des Jacobins et du retour de la République de 93, s'entourent de libéraux renégats et devenus espions. Ainsi ce qu'il y a de plus noble et de plus riche serre la main à ce qu'il y a de plus infâme et de plus pauvre. Voilà qui eût été impossible avant 1789. Ici M. de S[tendhal] rentre dans la peinture de son époque.
Au milieu de ce salon si étrangement composé, brille Mlle de La Mole, jeune Parisienne de dix-neuf ans, fille du marquis. Elle est destinée au marquis de Croisenois, jeune chef d'escadron de la garde royale de Charles X, qui a soixante mille francs de rente et sera duc un jour. M. de Croisenois est parfaitement poli, il trouve sur tous les sujets et toujours une chose aimable à dire à la personne avec laquelle il cause. En un mot, il est parfait suivant les idées du faubourg Saint-Germain, mais Mlle de La Mole le trouve insipide. « Quand je serai sa femme, se dit-elle, il m'ennuiera. »
Cinq ou six jeunes gens du noble faubourg papillotent autour d'elle. Tous ont des manières charmantes, mais chez tous il y a disette d'idées et encore plus de sentiments. Ces jeunes gens parfaitement généreux se croiraient perdus s'ils n'étaient pas tous la *copie exacte* les uns des autres.
Les plébéiens ont plus d'idées et moins d'élégance dans les manières.

Julien avec son simple habit noir scandalise un peu ces brillants jeunes hommes qui paraissent quelquefois dans le salon au retour des Tuileries couverts des plus brillants uniformes. Malgré tant d'avantages, ils ennuient Mlle de La Mole, à laquelle Julien ne parle jamais.

En vraie Parisienne, elle l'agace. La retenue du secrétaire favori de son père lui semble presque du mépris. Elle ne voit pas que ce n'est que de l'orgueil, que de la *peur d'être méprisé*. La vanité excessive de Mlle de La Mole s'attache à troubler la tranquillité du cœur de Julien.

L'orgueil de Julien se conduit si bien que Mlle de La Mole se pique tout de bon et ici il faut lire les détails dans le livre même, il faut y chercher des nuances imperceptibles, en apparence, mais décisives pour la vanité d'une jeune fille de Paris.

Enfin, Mlle de La Mole qui aura une dot d'un million et ce qui vaut mieux : la faveur de la Cour pour son mari, Mlle de La Mole, cette jeune personne si éclatante, si répandue, faite pour les princes, mille fois plus instruite du monde que Mme de Rênal, mariée, le croiriez-vous ? La fière Mlle de La Mole va aimer le secrétaire, le domestique de son père !

Pourquoi ? C'est que par hasard, à force d'orgueil, Julien a eu la conduite qu'il fallait pour piquer la vanité de Mlle de La Mole. Deux ou trois fois, sérieusement et non par jeu, il a été sur le point de la *planter là*. Voilà tout le secret de l'amour dans les Parisiennes d'aujourd'hui.

Par sa froideur, Julien amène Mlle de La Mole à lui déclarer son amour par une lettre.

Mlle de La Mole est séduite parce qu'elle se figure que Julien est un homme de génie, un nouveau Danton. Le faubourg Saint-Germain en 1829 avait une peur effroyable d'une révolution qu'il se figurait devoir être sanglante comme celle de 1793. Il ne savait pas, le noble faubourg, qu'une révolution n'est sanglante qu'en *proportion exacte* de l'atrocité des abus qu'elle est appelée à déraciner.

Or les abus de 1829 n'étaient pas atroces. Le nombre des généraux fusillés par les Bourbons à la suite de Ney, de Mouton-Duvernet, de Labédoyère, des frères Faucher, ne s'élève pas à cent cinquante.

Quoi qu'il en soit Mlle de La Mole a peur, comme toute sa classe et, chose étrange, elle estime Julien parce qu'elle se figure qu'il sera un nouveau Danton. Voilà encore une des circonstances de notre roman qui eût été impossible avant 1789. Un jeune plébéien ne pouvait séduire une grande dame que par... le tempérament.

Revenons à la lettre de Mlle de La Mole. Quand Julien la reçoit, il se figure que c'est un piège. Il prend ses sûretés. « On me tuera peut-être à ce rendez-vous qu'on m'offre », se dit-il, car Mlle de La Mole dans son égarement est allée jusque-là. « Si l'on me tue, continue Julien, il est trop clair qu'on m'enlèvera l'original de cette lettre. Je passerai pour un monstre et pour un sot qui de nuit a voulu pénétrer dans l'appartement de Mlle de La Mole. Doucement, messieurs les grands seigneurs! »

Julien envoie la lettre de Mlle de La Mole à un de ses amis de Verrières, avec l'ordre de la publier, s'il entend dire que lui, Julien, est mort assassiné. Julien a des remords à séduire ainsi la fille de son bienfaiteur! Mais il a vu ce bienfaiteur revenant des Tuileries avec le secret de l'Etat jouer à la *rente à coup sûr,* ce qui à Julien semble une friponnerie.

Il s'autorise mal à propos de cette faute pour en commettre une plus grande. Ebloui par la gloire de braver les poignards des jeunes gentilshommes qui font la cour à Mlle de La Mole et qu'il croit trouver réunis pour le berner ou pour le tuer dans la chambre de Mlle de La Mole, où elle lui a donné rendez-vous, il descend au jardin, il prend une échelle, il l'applique contre la muraille de l'hôtel et le voilà qui entre par la fenêtre chez cette noble et belle demoiselle.

Le lendemain de cette nuit, Mlle de La Mole a honte de l'homme auquel elle s'est livrée. Julien est au désespoir, il est vraiment amoureux. En province, la perspective de ce Paris, auquel il songeait sans cesse, l'empêchait d'apprécier la bonne et simple Mme de Rênal. Mlle de La Mole est forte contre lui de toutes les rêveries que pendant dix ans Julien a consacrées à se figurer les aventures et les charmes de Paris.

Le marquis de La Mole envoie Julien porter une lettre à un ambassadeur à Mayence. Julien, fou d'amour, est au désespoir. Il trouve un fat de ses amis, qui non seulement lui donne le conseil banal de faire la cour à une femme, de la société de celle qui le méprise, mais encore, ce qui vaut mieux, lui donne le *courage* de suivre ce conseil. La paresse du fat a fait provision de lettres adressées à des femmes par des hommes qui voulaient les séduire. Le fat donne une série de ces lettres à Julien : « Copiez-les, lui dit-il, adressez-les à la femme que vous aurez choisie dans la société de la femme qui vous méprise et ne vous découragez que quand vous aurez envoyé la copie de la dernière de ces lettres. »

Julien joue la froideur avec une telle force de caractère que Mlle de La Mole est piquée d'avoir laissé si peu de désespoir chez un homme dont un jour elle a daigné faire son amant. D'ailleurs elle a beaucoup de vanité, mais elle n'est pas corrompue, elle est jeune et n'a pas de... tempérament — *in francese io metterai una allusion, onestate la cosa* — Julien était son premier amour. Elle se met à le réaimer.

Julien a le bonheur de pouvoir jouer la froideur. Ceci prouve qu'il avait réellement un grand caractère. Cette épreuve est sans doute une des plus difficiles auxquelles le cœur humain puisse être soumis. Cet héroïsme est couronné du plus grand succès. Au bout de deux mois de froideur et de mépris joué, Mlle de La Mole donne un second rendez-vous à Julien. Mais Julien lui dit : « C'est de la vanité qui est piquée et me rappelle, ce n'est pas là de l'amour. » Mlle de La Mole coupe pour Julien tout un côté de ses beaux cheveux blonds, elle les lui jette dans le jardin. *Asinus fricat se ipsum.*

Cette peinture de l'amour parisien est absolument neuve. Il nous semble qu'on ne la trouve dans aucun livre. Elle fait un beau contraste avec l'amour vrai, simple, *ne se regardant pas soi-même,* de Mme de Rênal. C'est *l'amour de tête* comparé à l'amour de cœur. Du reste ce contraste, piquant en France, perd beaucoup de son mérite aux yeux des gens qui, comme nous, vivent à trois cents lieues de ces nuances si difficiles à peindre.

Cet article est déjà si long que nous nous dispensons de suivre les divers incidents des amours de Julien et de Mlle de La Mole. Le lecteur qui connaît le grand monde se les figurera facilement, c'est l'amour de tête.

Les progrès de l'esprit font que nous nous figurons les plus grands événements, les plus grandes actions sans pour cela avoir besoin de génie. Par exemple, M. de Polignac, qui n'est ni un Machiavel ni un Mazarin, se réveille un beau jour avec cette idée : *renverser la charte,* et il se jette hardiment dans cette action sans avoir réuni des troupes, sans avoir acheté des juges, etc., sans avoir fait aucune des choses nécessaires au succès et auxquelles le cardinal Mazarin n'aurait pas manqué.

Tel est *l'amour de tête* tel qu'il existe à Paris chez quelques jeunes femmes. Que peut faire de plus décisif une jeune fille ? Hé bien, cette jeune fille de Paris se fera enlever sans amour, uniquement pour se donner le plaisir de croire avoir une grande passion.

Les amours de Julien, dont nous n'avons pas la place de donner l'histoire au lecteur, vont finir par un mariage avec une fille qui le fera grand seigneur. Nous allons revoir Mme de Rênal.

M. le marquis de La Mole qui sait que son favori Julien a été précepteur des enfants de Mme de Rênal a l'idée fort simple de demander à cette dame des renseignements sur son compte. Or, Mme de Rênal éloignée de son amant n'en a pas pris un autre comme c'est l'usage. Elle a l'âme vraiment tendre, la pauvre femme. Elle essaye d'aimer Dieu ; elle est repentante de ses amours terrestres. Mme de Rênal repentante est dirigée par le jeune jésuite de Verrières. Le jésuite croit être sûr de sa fortune et plaire à M. de La Mole s'il parvient à détacher sa noble fille de son fol amour pour le fils d'un charpentier. Il dicte à sa pénitente Mme de Rênal une lettre où Julien est peint comme un jeune homme qui n'a d'autre passion que celle de l'argent et qui cherche à faire sa fortune par les femmes. M. de La Mole indigné remet cette lettre à sa fille Mathilde. Mathilde la montre à Julien. Julien est

furieux, il part, arrive à Verrières pendant la messe, entre, il voit Mme de Rênal et lui tire deux coups de pistolet à bout portant.
Julien est en prison, Mme de Rênal guérit de sa blessure, espère faire obtenir la grâce à l'homme qu'elle aime toujours, en le voyant dans sa prison et se réconciliant publiquement avec lui. La description de ces moments qui précèdent la mort de Julien est *Asinus asinum fricat.*
Une chose étonnera le lecteur. Ce roman n'en est pas un. Tout ce qu'il raconte est réellement arrivé en 1826 dans les environs de Rennes. C'est dans cette ville que le héros a péri après avoir tiré deux coups de pistolet à sa première maîtresse, des enfants de laquelle il avait été précepteur, et qui par une lettre l'a empêché d'épouser sa seconde maîtresse, fille fort riche ; M. de S[tendhal] n'a rien inventé.
Son livre est vif, coloré, plein d'intérêt et d'émotion. L'auteur a su peindre avec simplicité l'amour tendre et naïf.
Il a osé peindre l'amour de Paris. Personne ne l'avait tenté avant lui. Personne non plus n'avait peint avec quelques soins les mœurs données aux Français par les divers gouvernements qui ont pesé sur eux pendant le premier tiers du XIXe siècle. Un jour, ce roman peindra les temps antiques comme ceux de Walter Scott.

D. Gruffot Papera.

TABLE DES MATIÈRES

	Pages
Résumé chronologique de la vie de Stendhal	2
Stendhal et son temps	4
Bibliographie sommaire	6
Notice sur *le Rouge et le Noir*	7

Livre premier.

Chapitre premier. — Une petite ville	19
Résumé du chapitre II et du début du chapitre III	24
Chapitre III. — Un curé	25
Chapitre IV. — Un père et un fils	29
Chapitre V. — Une négociation	32
Chapitre VI. — L'ennui	44
Résumé du chapitre VII	53
Chapitre VIII. — Petits événements	53
Chapitre IX. — Une soirée à la campagne	60
Chapitre X. — Un grand cœur et une petite fortune	70
Résumé du chapitre XI	73
Chapitre XII. — Un voyage	74
Chapitre XIII. — Les bas à jour	82
Résumé des chapitres XIV et XV	88
Chapitre XVI. — Le lendemain	88
Résumé du chapitre XVII	96
Chapitre XVIII. — Un roi à Verrières	96
Résumé des chapitres XIX à XXI	114
Chapitre XXII. — Façons d'agir en 1830	114
Chapitre XXIII. — Les chagrins d'un fonctionnaire	121
Résumé du chapitre XXIV	127
Chapitre XXV. — Le séminaire	127
Résumé des chapitres XXVI, XXVII et XXVIII	136
Chapitre XXIX. — Le premier avancement	137
Chapitre XXX. — Un ambitieux	142
Documentation thématique	160